KB053971

부동산 투자의
내비게이터

부자가 되고 싶은 당신에게 전하는,
날마다 월세 받는 시스템 만드는 법!

부동산 투자의
내비게이터

이용기 지음

매일경제신문사

들어가는 글

많은 사람이 부자가 되기를 원합니다. 그래서 부자들을 따라 하고 부자의 마인드와 관성법칙을 배우려 합니다. 부자들은 돈을 인격체처럼 대합니다. 적은 돈이라도 무시하지 않습니다. 돈을 대하는 그들의 태도는 다음과 같습니다.

첫째, 적은 돈도 아끼고 절약합니다. 쓸데없는 소비를 하지 않습니다. 충동 구매를 하지 않습니다. 돈이 일을 하게 만듭니다. 실패하더라도 다시 도전해 성공을 향해 나아갑니다. 자기 사업이나 삶을 확장하는 일이라면 돈을 아끼지 않고 투자합니다.

둘째, 주식 투자는 장기간 보유하거나 적금식 투자를 선호합니다. 배당수익과 시세차익의 두 마리 토끼를 노립니다. 매달 일정 금액을 한 종목에 적금하듯 보유량을 늘리기도 합니다. 평균 매수 가격으로 수익을 계산합니다. 리스크를 헷지하기 위해 은행예금도 보유합니다. 유동성이 긴급하게 필요한 경우를 대비합니다. 엄청난 호재라고 판단하면 지체 없이 투자에 뛰어듭니다.

셋째, 잘 모르는 투자는 하지 않습니다. 코인이나 NFT같이 눈에 보이지 않는 투자는 믿지 않습니다. 재벌이 아닌 고만고만한 부자

4   부동산 투자의 내비게이터

들은 미술품이나 골동품을 두려워합니다.

넷째, 금이나 외화를 금고에 넣어두지 않습니다. 돈이 금고에서 잠자게 하지 않습니다.

다섯째, 부동산 투자를 좋아합니다. 역동적인 투자를 좋아합니다. KB금융연구소의 '2022 한국 부자보고서'에 따르면, 우리나라에 금융자산 10억 원 이상 부자들이 42만 명이고, 이들 자산 포트폴리오 57%가 부동산이라고 합니다. 다주택자 규제로 사업자나 법인을 설립해 우회 투자하는 부자들이 많기 때문에 그들의 실제 부동산 소유 비중은 더 높을 것입니다. 대출을 활용해 빌딩, 상가 등 상업용 부동산을 매입하기도 합니다.

하나금융경영연구소의 자료에 따르면, 10억 원 이상 금융자산가의 45%가 대출을 이용해 상업용 부동산을 보유하고 있다고 합니다. 부자들은 각고의 노력 끝에 모은 돈을 지켜냅니다. 자본이 굴러 더 큰 자본이 되는 방법을 생각합니다. 돈 생각만 해도 가슴이 뛰는 사람들입니다. "부자가 되고야 말겠다", "부자의 길에 들어섰다"라는 신념을 뇌에 각인합니다.

금리와 물가가 오르고 경기침체가 지속되는 스태그플레이션이 나타나고 있습니다. IMF와 2008 금융위기 때, 부자들은 부동산 투자를 통해 부를 증식했습니다. 가진 사람과 못 가진 사람 사이에 양극화가 심화되었습니다. 지금은 '포스트 코로나 시대'입니다. 그런데 코로나 충격에서 벗어나려는 시기에 전쟁이 터졌습니다. 농업이 기반인 우크라이나에 전쟁이 일어나 곡물 가격이 치솟는 '애그플레이션(agflation)'이 나타납니다. 유가가 요동치고 원자 재값이 오릅니다. 물가를 잡겠다고 기준금리를 올립니다. 인플레이션(inflation)과 스태그플레이션(stagflation)이 겹쳐 경기가 침체되는 현상이 나타납니다.

부동산은 매물이 쌓이고 호가가 내려갑니다. 사람들의 심리는 불안합니다. 파는 게 나은지, 아니면 사야 할 기회인지, 산다면 언제, 그리고 어디를 살 것인지 우왕좌왕합니다. 믿을 만한 전문가 조언에도 불안하기는 마찬가지입니다.

그러나 요즘처럼 경기가 불안정한 몇 년이 누구에게는 10년 만에 찾아온 기회입니다. 경제가 불안하고 미래 예측이 힘들어도 틈새시장은 있습니다. 실패하지 않는 투자처를 찾아야 합니다. 차분하게 공부해야 합니다. 언제라도 실패하지 않는 물건이 있습니다. 오히려, 기회입니다. 자산 투입 대비 가장 높은 수익이 나는 노른자 투자처를 찾아야 합니다. 물건별로 수익률 분석 자료를 만들어 활용하는 게 좋습니다.

개인 재무제표를 활용하는 제 사례를 소개하려고 합니다. 저는 부동산 전문가가 아닙니다. 하지만 고수의 의견을 듣고 판단합니다. 정보를 모아 투자에 반영합니다. 전문가를 흉내 내어 시장 전망이나 정부의 부동산 정책을 논하지 않겠습니다. 그것은 전문가의 몫이지, 저 같은 실전 투자자의 영역이 아니기 때문입니다.

경기는 순환합니다. 불황이 지나면 호황이 오게 마련입니다. 부동산 경기도 회복될 것입니다. 기회를 보다가 투자해야 합니다. 저의 멘토인 김사부는 4년 숙성매각 전략을 강조합니다. 4년 이상을 보유한 다수의 부동산이 있다면, 매년 1개씩 매각하고 매각대금과 수익으로 자산을 하나씩 교체하라고 합니다. 상급지역 A급 물건으로 갈아타라고 합니다. 수익형 부동산 투자도 권합니다. 월세가 나오는 시스템을 꿈꾸라고 합니다. 단타(단기매매)는 위험합니다. 비싸게 매수할 가능성도 있고 매도 타이밍을 놓치기 쉽습니다. 중·장기적으로 투자하는 자신만의 원칙을 만들기 바랍니다.

종부세 개편안이 국회를 통과했습니다. 전국의 조정지역이 해제되고 수도권 규제지역이 대부분 풀렸습니다. 하지만 금리 인상으로 시장은 경직되었고 거래는 절벽입니다. 미분양아파트는 쌓여갑니다. 정부가 대출 규제 완화 카드를 꺼냈지만, 시장의 반응은 냉랭합니다.

고금리·고물가·고환율의 3고(高) 시대에 양극화는 더 심해질 것입니다. 부자는 더 부자가 됩니다. 윤석열 정권 5년 안에 취득세 완화와 임대차법 폐지가 예상되지만, 정확한 시기는 모릅니다. 전

정권은 집을 사지도, 소유하지도, 그리고 팔지도 못하게 옥죄어왔습니다. 취득세를 올려 살 수도 없게, 종부세와 재산세를 올려 보유도 못하게, 그리고 양도세가 무서워 팔지도 못하게 했습니다. 엄청나게 거두어들인 초과 세수는 어디로 갔는지 나라 부채는 5년 사이 400조 원이나 늘었다고 합니다. 무리하게 왜곡된 세금 규제는 복원될 것입니다. 그러나 누구도 정책 변화에 선제대응하기 어렵습니다. 앞날을 모르니 투자가 두렵습니다.

하지만 이 와중에도 선택지는 있습니다. 결국, 경기는 회복될 것입니다. IMF도, 2008년 서브프라임 모기지 사태도 2년 만에 끝났습니다. 경기가 회복되고 부동산이 상승하는 시기를 손 놓고 기다리면 늦습니다. 누구도 부동산 적정가격을 알지 못합니다. 여론에 의지하고 사회 분위기를 따라가게 됩니다. 폭락과 폭등을 만드는 것도 결국 사람 심리입니다. 지금, 부동산 시장에는 공포심이 만연해 있습니다. 군중심리는 전염됩니다. 사자니 두렵고 팔자니 아깝습니다. 높은 이자를 감당 못 하는 갭 투자 영끌족이 울며 겨자 먹기로 매물을 하나, 둘 내놓고 있습니다. 시장을 지켜보고 추이를 살피다가 '때가 되었다'라고 판단되면, 서둘러 투자를 감행할 수 있는 준비가 필요합니다.

이 책에는 취업 후 첫 집을 샀던 1991년부터 32년 동안 좌충우돌 투자에 뛰어들었던 이야기를 진솔하게 담았습니다. 대박 난 것도 있고 쪽박 찬 것도 있습니다. 아파트 외에 토지 투자도 있고, 상가와 오피스텔도 있습니다. 산지 개발을 진행하는 토지도 있고 개발제한에 묶인 땅도 있습니다. 경·공매 이야기도 있습니다. 팔랑귀가 되어 남을 따라 했던 투자도 있고, 확신에 차서 남에게 투자를 권한 스토리도 있습니다. 모두 제가 직접 겪은 경험을 글로 표현했습니다. 사기를 당해 큰돈을 떼먹힌 아픈 이야기도 쓰어 있습니다. 재산을 지키려는 각오로 투자에 더욱 몰입했던 제 인생 이야기가 녹아 있습니다. 월마트의 창업자 월튼(Walton)은 "돈이 없는 게 문제가 아니라 비전이 없는 게 문제"라고 말했습니다.

올해 예순 살이 되었습니다. 예순 살은 이순(耳順)이라고 합니다. '귀가 순해져 들리는 모든 소리를 이해한다'는 공자(孔子) 말씀입니다. 요즘은 정보가 넘치는 시대입니다. 누구도 모든 것을 이해할 수 없습니다. 하지만 32년간의 사소한 투자 하나에서도 배울 점이 있습니다. 지금도 변치 않는 투자의 좌우명이 있습니다. "모험을 하라! 부딪쳐라!"입니다. 이 책을 통해서 자본이 많든 적든, 부동산 투자를 어려워하는 사람이 생각의 전환을 통해 진정한 부자가 되길 바라봅니다.

나를 쓰고, 나를 남기는
이용기

차 례

제**1**장

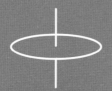

부자가 되고 싶은
당신에게

01

저축으로 부자 되는 시대가

다시 올 줄이야!

　일월무사조(日月無私照)라는 말이 있다. '해와 달은 누구에게나 똑같이 비춘다'라는 뜻이다. 확대해석하면, '누구든 인생에서 같은 기회가 온다'라는 말이다. 씨 뿌리고 가꾸면서 수확하는 사람은 기회를 얻을 수 있다. 성공으로 향하는 파이프라인을 잡을 수 있다. 반면, 땀 흘리지 않고 수확만을 기다리는 사람에게 요행은 없다. 기회는 누구에게나 오지만 세상은 평등하지 않다. 준비된 자만이 기회를 잡을 수 있다. 누워서 감 떨어지기만을 기다려봤자 열매를 얻을 수 없다. 기회를 열망하고, 기회를 잡아서 땀을 흘려야 성공과 부를 이룰 수 있다.

　부자가 된다는 것은 다른 사람 주머니에 있는 돈을 내 주머니로 옮기는 일이다. 사업 소득이든, 월세 수입이든 내 명의의 통장에 뭉칫돈이 들어온다. 통장은 현금이 불과 몇 분 스치고 지나가는 경로일 뿐이다. 입금되자마자 지불해야 할 돈을 송금한다. 지불 의무가 있는 돈은 빨리 처리해야 마음이 안정된다. 대출 빚과 이자를 갚고 보험료, 공과금, 카드 결제도 이루어진다. 송금하고 나면 잔액이 거의 없다. 설사 있어도 다음 달 신용카드 결제액 일부를 미리 결제한다. 통장은 텅 비게 되고 다음 급여일까지 카드로 생활한다. 월말 기준으로 개인 대차대조표를 만들어 차곡차곡 편철한다. 이런 메커니즘으로 쳇바퀴 도는 한 달을 살아간다.

내 경우, 은행저축은 20대 때, 종잣돈을 만들 때까지 가입한 게 전부다. 사회에 처음 나와 재형저축과 청약저축에 가입했다. 청약저축은 아파트청약을 위해 필수라고 생각했다. 지금도 청약저축 외에 은행저축은 하지 않는다. 사회생활을 시작하면서 월급에서 30만 원을 아버지 빚을 갚으라고 어머니께 송금했다. 저축액과 약간의 생활비를 제외한 나머지를 주식 투자에 쏟아부었다. 3년이 지나자 아버지 빚을 갚는 부담이 없어졌다.

적금이 만기되어 받은 돈을 다시 주식에 투자했다. 매달, 공모주 청약 일정을 다이어리에 적었다. 발품을 파는 수고로움이 있지만, 빠지지 않고 공모주 청약을 했다. 당시, 공모주 청약을 하려면 계좌가 있는 증권회사에 직접 가서 여러 장의 신청서를 손으로 작성하고 청약증거금을 계좌에 넣어야 했다. 경쟁률이 높아 100주를 신청해도 몇 주만 나오는 경우가 많았다. 번거로웠고 푼돈벌이에 불과했지만, 빈털터리 사회 초년생에게는 놓치면 후회할 기회로 보였다.

신용카드가 생겼고 지금은 없어졌지만 매달 가계수표 10장을 발행할 수 있었다. 가계수표는 한 장에 30만 원까지 원하는 금액을 적어 쓰는 수표다. 한 달 10장이면 당시 몇 달 치 급여에 해당하는 큰 금액이었다. 대학 4학년부터 시작한 주식 투자 밑천에 가계수표와 급여를 보태니 그럴듯한 종잣돈이 되었다. 500만 원으로 시작해 조금씩 주식 투자 원금을 늘렸다.

3년 후 첫 부동산으로 상계주공아파트 22평을 살 때까지 주식투자는 성공적이었다. 88올림픽 이후 경기가 호황이었기에 대부분의 주식 투자자가 플러스 수익을 내고 있었다. 투자 3년이 지나자 투자 원금 1,500만 원이 2배 이상 불어났다. 주식 일부를 팔아 아파트를 구입했다. 전세를 활용해 실제 부동산에 투자된 돈은 1,000만 원 남짓이었다. 회사에서 연 4% 저금리로 임직원 주택취득자금대출 3,000만 원을 받았다. 당시 직원복지로 대출해주는 회사는 거의 없었고, 금융권 회사만의 특혜였다.

내가 사회생활을 시작할 때, 정기예금 금리는 8% 정도였다. 대출금리는 13% 내외였다. 금리가 높아 은행예금으로 부를 증식할 수 있었다. 하지만 88올림픽 이후 주식 시장은 더 큰 호황을 구가하고 있었다. 종목만 잘 고르면 은행예금보다 높은 수익을 얻을 수 있었다. 증권사 객장에 사람들이 바글바글했다. 노인들은 물론, 장바구니를 든 아주머니들까지 모여들었다. 오죽하면 시장통 사거리에 증권사 사무실이 많을 정도였을까. 회사 동료들과 점심 먹고 자투리 시간을 이용해 증권회사 사무실로 몰려갔다. 사람들 틈바구니에서 까치발을 딛고 내 주식의 주가가 시시각각 변하는 모습을 지켜봤다. 지금은 시세를 확인하러 증권사에 고객이 방문하지 않는다. 아직도 전광판이 남아 있는지 모르겠다.

1년 만에 기준금리가 3배 올랐다. 반년 동안 가파르게 오르고 있다. 글로벌 인플레와 금리 인상이 가계 경제뿐만 아니라 부동산에도 엄청난 영향을 미치고 있다. 20년 넘게 은행 금리는 계속 떨어졌다. 2021년 초까지 초저금리였다. 정기예금 금리가 1~2%에 불과했다. 물가 상승률에 미치지 못하는 금리는 은행에 맡긴 내 돈의 가치가 떨어진다는 것을 의미한다. 저축으로는 부자가 되기 어려운 것이다. 당연히, 사람들의 관심이 부동산, 주식, 코인 등 다른 투자로 쏠렸다.

하지만 1년도 지나지 않아 금융 시장이 급변하고 있다. 20년 전 수준으로 금리가 오르고 있다. 얼마 전, 원주 문막에 차를 타고 지나갈 일이 있었다. '문막농협 8%, 정기적금 출시'라는 현수막이 걸려 있었다. 1인당 월 30만 원 한도, 3년 만기지만 8%라는 높은 이자는 살아가면서 구경할 수 없을 것이라고 생각했던 숫자다. 금리가 천정부지로 오르니 은행이 특판 예금상품을 속속 출시하고 있다. 나는 최근 자금난을 겪느라 어쩔 수 없다지만, 돈이 있다면 예금을 활용하는 것도 권하고 싶다. 부자 되기에는 멀고 먼 길이라고 여겼던 저축 투자가 20년 만에 다시 살아나고 있다. 격세지감을 느낀다.

부자가 되려는 투자자라면 종잣돈을 만드는 게 먼저다. 꼬박꼬박 월급을 모으는 것은 은행저축이 편하다. 1,000만 원이든, 5,000

만 원이든 언제까지 얼마를 모은다는 명확한 목표를 세워야 한다. 1달, 1년, 몇 년 재무계획을 세우고 시간 관리를 하라. 매달 대차대조표를 만들어라. 목표를 달성한 항목을 하나씩 지워나가라. 비록 지금은 급여소득에 의존하고 있지만, 내가 만든 종잣돈이 나를 위해 돈을 벌어다 줄 수 있도록 창의적으로 생각하고 치밀하게 준비하라.

　친구 중에 부자 이야기만 나오면 비꼬는 녀석이 있다. 심하다 싶을 정도다. 많은 부자가 부정한 방법으로 돈을 벌어 켕기는 게 있다고 생각한다. 있는 놈이 더 지독한 구두쇠라고 트집 잡고 흉을 본다. 편협한 생각이다. 내가 만난 부자들은 다른 사람에 대해 나쁜 이야기를 하는 사람이 한 명도 없었다. '부정적인 말을 하는 사람치고 성공하는 사람 없고, 성공한 사람치고 다른 사람 나쁘게 이야기하는 사람 없다'라는 게 결론이다. 또 한 가지 주목해야 할 사실은, 졸부나 부자 2세가 아닌 부자들 대부분이 빈손으로 시작했다는 사실이다. 이건희 회장이 "시드머니를 아끼라"고 했듯이, 부자가 되기 위해서는 우선 종잣돈을 마련하는 것이 최우선 과제다.

위험한 투자
정확히 알아야 한다

나는 잘 모르는 투자는 하지 않는다. 암호화폐나 NFT(Non-Fungible Token, 대체 불가능 토큰)같이 눈에 보이지 않는 투자는 믿지 않는다. NFT나 무슨 무슨 펀드라는 이야기를 들으면 한 귀로 듣고 한 귀로 흘린다. 수익률이 높을수록 의심한다. 모르는 분야는 뛰어들지 않고 손해 볼 수 있는 투자라면 신중에 신중을 기한다. 비트코인을 법정화폐로 채택한 중미의 빈국 엘살바도르는 국가가 투자한 돈 57%를 1년 만에 잃었다. 정부마저 한탕주의에 빠져 요행을 바란다. 비트코인을 제외한 다른 코인이 1,370종 있다고 한다. 이들을 알트코인이라고 하는데, 나는 몇 가지 말고는 신뢰하지 않는다.

부자들은 돈 관리를 잘한다. 금융지능이 높다. 부자라고 해서 반드시 학벌이 높거나 특별한 교육을 받은 것은 아니다. 그들은 손에 들어온 돈을 어떻게 소비하고 모을 것인지, 어디에 투자해서 불릴 것인지를 신중하게 생각한다. 100원이 0원이 되거나 반토막 나는 투자는 하지 않는다. 부자들도 주식 투자를 하지만, 등락이 심한 주식보다 업종 1위 회사에 투자한다. 장기간 보유하면서 회사의 안정된 배당수익과 시세차익을 동시에 노린다. 돈이 생길 때마다 한 종목을 적금하듯 매수해서 보유량을 늘리기도 한다. 평균 매수가격을 낮추어 최대한의 수익을 낸다.

비싸게 샀다 하더라도 부자는 크게 걱정하지 않는다. 저가에 계속 매수해서 평균매수가격을 낮추는 것으로 위험을 헷지한다. 돈이 구르고 굴러 뭉칫돈이 되면 수시로 위험을 분산한다. 재무계획을 세우고 원하는 대로 자신의 포트폴리오를 구성한다.

대학 4학년부터 1999년까지 만 11년을 주식 투자자로 살았다. 점심시간이면 증권회사 객장으로 달려갔다. 당시는 시세를 알고 싶으면 담당자에게 전화를 걸어서 물어보거나, ARS로 종목코드를 눌러 확인해야 했다. 1990년대 후반이 되자 '삐삐'처럼 생긴 무선수신기가 나왔다. 그 기계를 사서 종목코드 6자리를 누르면 시가, 거래량, 호가가 나온다. 그래도 거래를 하려면 증권회사에 전화로 주문해야 한다. 지금의 디지털 환경은 천지개벽을 한 수준이다.

가까스로 IMF를 벗어나던 1999년, 코스닥 시장은 신생 IT회사들이 쥐락펴락하는 형국이었다. 천정부지로 오르다가 바닥으로 떨어지는 널뛰기 주식이 많았다. 하루가 다르게 주가는 냉탕 온탕을 오갔다. 전세를 놓았던 용인 수지의 아파트를 제외한 모든 재산을 단 1년 사이에 코스닥 시장에서 날렸다. 2억 원을 투자한 원금은 몇백만 원이 되었다. 그 후로 지금까지 주식 투자를 하지 않는다. 지인에게 조언은 하지만 직접 투자하지는 않는다. 주식 투자를 하지 않으니 나의 자산 포트폴리오가 기형적으로 구성되어 있다. 90%가 부동산에 집중되어 있는 것이다.

빈털터리가 된 후, 부자들의 돈 관리법, 생각하고 대화하는 법, 밀고 당기는 협상의 기술 등 부자의 심리와 행동을 공부하기 시작했다. 부자를 연구해서 얻은 지식은 사업을 하면서 큰 도움이 되었다. 돈을 관리하는 방법을 배우고 부자의 습관을 내 것으로 만들었다. 부자가 되려면 부자 옆에 있어야 유리하다. 삼성의 이건희 회장은 말했다.
"부자 옆에 줄을 서라. 산삼밭에 가야 산삼을 캘 수 있다."

얼마 전, KBS의 〈시사직격, 인생을 베팅하다〉라는 프로그램에서 빚투에 나선 일부 2030세대의 투자 중독을 다룬 내용이 방영되었다. 투자 중독에 빠져드는 젊은이들을 보니 안타깝기 그지없었다. 지난 8년간 임금은 21%가 올랐다고 한다. 그 기간 동안 주식은 65%, 수도권 아파트는 123%, 비트코인은 16,400%가 올랐다. 노동의 대가보다 투자와 투기를 통한 수익에 관심이 갈 수밖에 없다.

2021년까지 몇 년 동안 아파트 가격이 너무 많이 올랐다. 목돈이 없는 사람이 집을 장만한다는 것은 엄두가 나지 않을 것이다.

돈이 적은 2030세대들은 적은 돈으로도 투자할 수 있는 코인과 주식에 열을 올렸다. 빚을 레버리지로 투자해서 큰 손해를 본 투자가가 많다. 2022년 7월 기준, 개인회생 신청자의 54%가 2030세대다.

투자 중독에 이른 젊은이가 적지 않을 것이다. 중독은 질병이다. 치료가 필요하다. 중독자 가족은 '공동의존증'의 증세가 나타난다. 가족도 중독자와 마찬가지로 불안증, 우울증을 동반하는 경우가 대부분이다. 그래서 중독을 가족 병이라고 한다. 전문가는 "빚을 가족이 대신 갚아주면 절대 안 된다. 다른 중독처럼 내성이 생긴다"라고 말한다.

모든 중독에는 동일한 특징이 있다. 첫 번째는 주변 사람과의 대인관계가 파괴된다는 것이고, 두 번째는 자신의 직업 기능을 잃는다는 것이다. 투자 중독에 빠진 사람을 구해내야 한다. 건전한 사회의 구성원으로 돌아올 수 있도록 도와야 한다. 그러기 위해서는 첫째, 정부가 나서서 알코올중독센터나 도박중독센터처럼 투자 중독치료센터를 운영해야 한다. 둘째, 파이어족을 노리는 청년들의 의식구조를 바꾸어야 한다. 그들은 빨리 은퇴하고 싶어 한다. 그래서 강박적으로 투자에 뛰어든다. 금수저를 따라갈 방법이 그것뿐이라고 생각한다. 그러나 오랫동안 안정적으로 돈을 벌 수 있는 역량을 키우는 것이 더 중요하다. 남보다 빨리 가고 싶을수록 시간을 넉넉히 잡고 차분히 공부해야 한다. 독서나 강연을 통해 남의 경험을 배우는 것도 좋고, 멘토를 찾아 조언을 구하는 것도 좋다.

시간이 충분하다고 여기지 말라. '살날이 많은데 천천히 모으면 되지'라고 생각하지 말라. 가난한 사람들은 시간을 별 가치 없게 생각한다. 오래 걸려도 싼 교통수단을 이용한다. 반면, 부자들은 시간이 돈이라는 것을 안다. 나름대로 시간과 돈을 맞교환한다. 시간을 버는 대신에 어느 정도는 돈 쓰는 것이 오히려 이득이라고 생각한다. 시간을 아끼려고 비싼 항공료를 주저하지 않고 지불한다. 아주 어릴 적부터 '시간은 금이다'라는 격언을 들어왔다. 부자를 꿈꾸고, 배우면서 진짜 시간이 금이라는 개념을 이해하게 되었다.

빨리 부자가 되고 싶어도 코인 투자는 말리고 싶다. 최근 3년간 개인회생과 채무조정을 신청한 2030세대는 28만 명이다. 새 정부는 공약에도 없던 정책을 꺼내 들었다. 빚이 많은 저신용 청년들을 위해 빚 탕감 혜택을 준다는 것이다. 빚투, 가상자산 투자로 실패한 사람을 구제한다는 데 반대여론이 일고 있다. 다수가 수렁에 빠지면 결국 나라가 책임져준다는 도덕적 해이가 사람들 마음에 스며들까 걱정이다.

03
파이어족,
이것 놓치면 안 된다

파이어족은 다음과 같이 정의된다.

"2008년 금융위기 이후 미국에서 시작되어 다른 나라로 확산되었다. 파이어족은 경제적 자립을 통해 빠른 시기에 은퇴하려는 사람들로, 30~40대 은퇴를 목표로 급여 대부분을 극단적으로 저축한다. 회사와 노동에 얽매이지 않는 자유로운 삶을 위해 젊은 시절 노동을 몰아서 하는 '신인류'다."

파이어족 사이에서 기본 원칙으로 자리 잡은 '4%의 법칙'이 있다. 연간 생활비 25배가 있으면 당장 은퇴할 수 있다는 것이다. 단, 연 4% 이상 수익을 내고 4% 내에서 지출을 유지해야 한다. 예를 들어, 연봉 4,000만 원인 사람이 25배에 해당하는 10억 원이 있어 은퇴했다고 치자. 4% 수익으로 얻은 4,000만 원을 생활비로 지출한다면 원금 10억 원은 그대로 남는다는 것이다.

그러나 4% 법칙에는 몇 가지 전제가 따른다. 첫째, 감당하기 힘든 대출이나 주변에 큰돈 들어갈 일이 없어야 하며, 둘째, 10억 원이 현금자산으로 가치의 하락이 없어야 한다. 셋째, 투자 수익이 안정적이어야 한다. 부동산, 주식, 가상자산을 통해 자산을 불린 후 조기 퇴사한 파이어족이 최근 자산가치 하락을 겪으며 일터로 돌아오고 있다는 글이 인터넷에 떠돈다. 금리 인상이 잇따르면서 대출로 구입한 부동산의 이자를 부담하기 힘들다. 이자를 견디다 못한 파이어족이 다시 취업한다는 것이다. 현금 같은 유동성자산이 아니면 4%의 법칙은 성립하기 어렵다.

'사람 욕심 끝이 없다'라는 말이 있다. 10억 원이 모이면 은퇴한다는 목표를 세워 이를 달성했다고 치자. 거기에서 멈추고 투자 수익만 연금처럼 수령할 수 있을까? 아마 대부분의 사람이 은퇴하지 못할 것이다. 왕성한 나이인 데다 뭉칫돈이 생겼다. 몇 년 잘 굴리면 2배가 될 것 같고, 10년이면 3~4배가 될 것 같은 환상에 빠질 것이다. 멈추고 은퇴할 수 있을까? 나라면 은퇴하지 않을 것이다.

집은 안식처로 좋다. 그렇다고 사람이 24시간 내내 집에 있을 수는 없다. 집 밖에 나가 에너지도 발산하고 소비도 하며, 친구도 만나야 한다. 커뮤니티 속에서 관계하는 기쁨도 행복 요소다. 다른 사람이 출근한 시간에 한가로이 카페에 앉아 책을 읽거나 집에서 TV를 보면 행복할까? 직장에서 동료들과 부딪치며 교류하는 것도 나쁘지 않다고 생각한다. 게다가 꼬박꼬박 월급이 나오니 기쁨이 2배일 것이다.

경매 학원에서 만난 전업 투자자 이야기를 해보려고 한다. 그는 중소기업의 직원으로, 월급은 300만 원이고, 전국을 누비는 한 달 출장비가 100~150만 원이었다. 그는 출장비로 생활하고 월급은 전액 저축했다. 3년 안에 1억 원을 모은다는 목표를 세웠고, 이를 이루어냈다. 그는 경제, 경영, 금융, 자기계발, 부동산, 주식에 관한 책을 닥치는 대로 읽었고 입사 5년 만에 과감히 퇴사했다.

그는 경·공매 투자부터 시작하기로 한 후, 경매 학원에 다녔다. 상가 투자 강의도 들었다. 회사에 다니면서 모은 2억 원 정도의 돈으로 경매를 시작했다. 1년 만에 경·공매를 통해 15개의 등기권리증을 갖게 되었다. 소액 투자, 갭 투자로 아파트, 빌라, 오피스텔을 집중적으로 낙찰받았다. 그 후, 상가 경매에도 뛰어들었다. 지금은 병원에서도 월세 받는 임대인이 되었다. 고시원도 가지고 있고 청소년 수련시설도 가지고 있다. 오피스텔을 개조해 에어비앤비를 통해 방을 렌트 놓기도 한다.

집이 20채가 넘고 월세 수입이 1,000만 원이 넘는다. 2022년에 재산세를 1,000만 원 가까이 납부했다. 회사를 퇴직하고 5년 만에 이루어낸 결과다. 대출 레버리지를 이용했다고 치더라도 5년 만에 2억 원으로 10배의 자산 증식을 이루었다. 끈질긴 집념과 공부로 빚어낸 성과다. 지금은 투자하면서 경매 학원에서 강의를 한다. 물론, 그는 은퇴한 것은 아니다. 그렇지만 회사에 발목 잡힌 상황도 아니다. 부자가 되기 위해 공부하고 실천한 용기 있는 프리랜서 전업 투자자다. 내가 생각하는 파이어족의 개념은 이런 경우다. 시간은 자유롭지만 부를 늘리려는 뚜렷한 목표를 향해 계속 나아가는 사람, 뜨거운 열정을 쏟는 사람.

사람들은 파이어족에 대한 환상을 갖고 있다. 부자가 되면 자유를 얻을 수 있다고 믿는다. 일하지 않고도 생기는 이자수익, 배당금, 월세는 시스템으로 얻는 자본소득이다. 아마 그들도 남모르는 고생 끝에 시스템을 만들었을 것이다.

유튜브나 애플리케이션을 이용해 돈이 들어오는 시스템을 만든 사람이 진짜 파이어족이 아닐까? 직방이나 야놀자, 배달의 민족, 예스24 등의 유통, 중개 시스템 앱은 끊임없이 돈이 들어오는 파이프라인이다. 이런 성공을 거둔 사업가는 파이어족이 되어도 괜찮다. 하지만 주식이나 부동산, 가상자산의 가치만 믿고 직업을 포기한다면 인생 마지막까지 파이어족으로 살아남기 힘들 것이다. 엠제이 드마코(MJ DeMarco)는 《부의 추월차선》에서 부의 3요소를 관계, 신체, 자유라고 했다. 좋아하는 사람들과 인생을 함께하고 건강과 열정이 넘치며 원하는 대로 선택해서 사는 삶이 부자의 모습이라는 것이다.

예순의 나이에도 나는 파이어족이 아니다. 급여 아닌 배당만 받으니 절반 정도 은퇴한 건 맞다. 그러나 집으로 돌아가기에는 아직 젊다. 그래서 몇 달 전, 여행업, 경영 컨설팅, 부동산 임대업을 하는 작은 회사를 차렸다. 글쓰기 공부에도 뛰어들어 첫 책을 출판했다. 꾸준히 부동산 공부도 하고 있다. 그런데도 또 다른 일에 뛰어들고 싶다. 유튜버 주언규 씨는 구독자 180만 명에 달했던 유튜브 채널 '신사임당'을 팔았다. 월 1억 5,000만 원 수입을 포기하고 자유를 찾아 떠났다. 그는 처음에는 경제적 자유를 얻었기 때문에 조기 은퇴를 하려고 했다. 하지만 현재는 유튜브 채널을 운영하는 크리에이터들이 채널을 키울 수 있는 서비스를 제공하는 '에이아이티브', 메타버스를 활용해 유튜브 콘텐츠 제작, 캐릭터 사업 등을 하는 '메타테인먼트' 등 2개의 회사를 공동 경영하고 있다. 은퇴 대신 다시 한번 새로운 도전을 하고 있는 것이다.

은퇴라는 말을 들으면 나는 자유를 얻은 느낌과 손 놓고 뒤로 물러난 느낌의 상반된 감정을 느낀다. 하나를 얻고 하나를 잃은 아쉬운 기분이다. 은퇴 후 맞이한 인생 후반전을 자신의 행복을 위해 쓴다는 것은 어떤 의미일까? 사람들에게 자신의 경험을 나누어주는 것도 가치 있는 일이 아닐까?

당신이 파이어족이라면 세상과 더불어 사는 은퇴자, 경험을 나누어주는 이타적인 사람으로 살아가라고 말하고 싶다.

워라밸 VS
종잣돈 만들기

헬스클럽 1년 치를 카드로 결제하고 2주 만에 포기하고 만다. 자격증 공부를 한답시고 책을 사고 거창한 각오로 시작한다. 영어회화를 배운답시고 고가의 교재를 구입한다. 곧 흐지부지되고 빈둥대는 일상으로 되돌아간다. 회사에서 보내준 야간대학원도 중도에 자퇴했다. 술을 좋아하는데 퇴근하고 학교에 가는 게 싫었다. 입사 동기들과 호프집에서 술 마시는 기쁨을 희생하고 싶지 않았다. 30년 전, 나의 모습이다.

워라밸은 일과 삶의 균형이라는 의미다. 지금도 많은 직장에 야근문화가 남아 있다. 저녁 없는 삶이 보편적인 직업도 있다. 사생활을 위해 퇴근 시간을 보장받는 것은 중요한 일이다. 그렇게 주어진 시간이 어떤 사람에게는 충전과 배움의 시간이 된다. 가족과 함께하는 소중한 시간이 되기도 한다.

부자는 돈보다 시간의 가치를 높게 본다. 워라밸에 시간의 개념을 대입해보자. 오늘 하루의 워라밸, 한 달 아니면 1년의 워라밸, 중년이나 노년의 워라밸 중 어느 것을 선택할 것인가? 내 경우에는 부가 완성되는 미래를 위해 젊은 시절의 워라밸을 포기할 것 같다. 재미없는 사람이 맞다.

일본 3대 은행으로 꼽히는 미즈호 은행은 2019년부터 직원 6만 명을 대상으로 주 5일 근무와 주 3일 근무를 선택할 수 있게 해서 부업, 겸업, 창업을 권하고 있다. 다른 동종 업계에 출근하는 것도 허용한다. 워라밸을 통해 직원의 만족감을 높이고 다양성과 창의성을 북돋우고 있다.

《탈무드》에 '사람에게 가장 큰 상처는 빈 지갑'이라는 말이 있다. 유대인들은 어릴 적부터 경제 교육을 시키기로 유명하다. 남자는 13살, 여자는 12살에 성인식을 치른다. 가족과 친척들은 성인식을 치르는 아이들에게 율법서, 시계, 축의금의 3가지 선물을 준다. 시계는 약속의 중요성을 인식하라는 뜻으로, 시간을 소중히 여기고 다른 사람과의 약속을 지켜야 한다는 의미다. 그리고 수백만 원에서 수천만 원의 축의금을 주는데, 이를 예금과 주식 등에 투자하게 한다. 20살 성인이 되면 이 돈은 그들에게 종잣돈이 된다. 세계 인구 0.2%인 1,500만 명에 불과한 유대인이 미국 월가를 좌지우지한다. 월가의 영향력 있는 인물 25인 중 10명이 유대인이다. 마이크로소프트의 공동창업자 빌 게이츠(Bill Gates)와 폴 앨런(Paul Allen), 페이스북의 마크 저커버그(Mark Zuckerberg), 구글 공동창업자 세르게이 브린(Sergey Brin)과 래리 페이지(Larry Page), 워런 버핏(Warren Buffett), 마이클 블룸버그(Michael Rubens Bloomberg), 벤 버냉키(Ben Bernanke), 앨런 그린스펀(Alan Greenspan) 등 많은 사업가와 경제인이 유대인이다.

종잣돈 만드는 목표를 세웠다면, 빨리 달성할수록 유리하다. 부자가 되기를 원한다면, 이를 어떤 일보다도 우선순위로 두어야 한다. 나는 빚을 상속받았다. 사업에 실패하고 돌아가신 아버지의 빚을 형들과 나누어 갚았다. 취업 후 3년 동안 급여의 절반을 빚을 갚는 데 썼다. 나머지 절반으로 주식에 투자하고 저축을 했다. 1년 만에 500만 원을 모아 자취방을 얻었다. 큰형과 둘째 형 집을 오가며 얹혀살던 빈궁함을 벗어나게 되었다.

신용카드와 가계수표를 활용해 공모주 투자에도 나섰다. 이러한 과정에서 종잣돈이 만들어졌다. 일부를 꺼내 첫 아파트를 매입했다. 대출, 전세 레버리지를 이용한 투자였지만, 부동산 거래의 시작이었다. 업무직이었지만 시간 나는 대로 영업을 했다. 업무직원이 편법으로 하는 영업을 회사는 묵인했다. 급여 외에도 급여만큼의 수당이 생겼다. 돈이 들어오니 어디에 투자할지 고민했다.

당시는 생소했던 워런 버핏을 연구했다. 주식의 내재가치를 분석해 투자하는 그의 기법에 매료되었다. 무엇보다 '버크셔 해서웨이'라는 보험회사의 최대주주라는 데 호감이 갔다. 티머시 빅(Timothy Vick)이 쓴 《워런 버핏의 가치투자 전략》을 읽고 회사 공모전에 제출해 1호봉 특별승급을 받기도 했다. 그를 흠모했다. 그처럼 생각하고 투자하면 나도 부자가 될 수 있다는 확신을 얻었다. 아파트청약에 당첨되어 수지에 32평 아파트를 산 것을 제외하고 모든 돈을 주식 투자에 올인했다.

빚을 물려받고 집안 채무의 마지막 변제를 책임져야 했던 우울한 출발이 오히려 근성을 길러 주었다. 도전적이고 과감한 성격도 타고났다. 종잣돈은 부를 만들어가는 마중물이 되었다.

자식을 키우면서 10여 년 동안은 돈을 모으기 어려웠다. 돈 들어갈 데가 많았다. 교육비는 말할 것도 없다. 남의 자식보다 떨어지지 않게 키우려면 돈이 필요했다. 그래서 종잣돈은 총각 때나 취업 초기, 아이가 5살이 되기 전에 마련하는 것이 좋다. 500만 원이든, 1,000만 원이든, 아니면 1억 원이든 자신이 목표를 정해야 한다. 얼마를 언제까지 만들고 어떻게 굴리고 불린다는 재무계획이 있어야 한다.

후배 이야기를 해보겠다. 40대 중반의 그는 유럽 명품의류를 수입하는 무역상이다. 그에게는 유치원 다니는 아들이 있고 서울에 아파트가 있다. 나이에 비해 경제적으로 기반을 잡았다. 그는 벤틀리, 벤츠에 고급 SUV까지 4대의 차를 소유하고 있다. 부부가 요일마다 차를 골라 탄다. 나는 허세라고 생각한다. 차를 좋아하고 그 낙에 산다지만 예순 살, 내 가치관으로는 선을 넘었다는 생각이다. 사치고 과시다.

나는 12년 된 고물차를 탄다. 사람들이 차를 바꾸라고 권하면 "차는 사자마자 감가 상각되지. 자산가치가 하락하거든. 하지만 부동산은 달라. 자산가치가 오를 가능성이 훨씬 높거든. 차 살 돈이 있으면 나는 레버리지를 이용해 오피스텔 1채를 살 거야"라고 답한다.

성공을 다루는 책을 보면 "꿈을 가져라", "간절히 원해라", 또는 "이미지를 그려라"라는 내용이 많다. 꿈은 품기만 한다고 이루어지는 것은 아니다. 꿈을 실현하는 과정을 무시하면 안 된다. 10년 내 10억 원을 벌겠다고 목표를 세웠다면, 종잣돈 1,000만 원을 모으는 것부터 시작해야 한다. 마치, 10억 원이 손에 있는 것처럼 행동해서는 안 된다. 10억 원을 만들어가는 과정이 고단하고 지루하겠지만, 그 과정에서 땀 흘리는 기쁨도 있다.

스스로 부자가 되었다고 판단될 때, 워라밸 있는 삶을 누리라고 말하고 싶다. 부자가 되면 마음이 풍성해진다. 다른 사람에게도 너그러워진다. 인생의 어디에서부터 워라밸을 중시하고, 자기 삶을 어떻게 설계할 것인가는 각자의 몫이다.

'소확행'이라는 말이 있다. 무라카미 하루키(村上春樹)의 에세이에서 시작되어 널리 알려진 말이다. 어떤 사람들은 돈이 없다고 불평하면서 돈이 생기면 여행을 가고 쇼핑을 한다. 내일을 고려하지 않고 현재의 행복만을 추구해서는 안 된다. 오늘, 지나친 소비의 달콤함에 빠져들면 부자가 되는 속도가 느려진다.

《탈무드》에 나오는 명언을 소개하겠다.
"승자의 하루는 25시간이고 패자의 하루는 23시간이다."
"승자는 눈을 밟아 길을 만들지만, 패자는 눈이 녹기를 기다린다."

05
부의
방정식

부와 성공을 다룬 책이 서점에 널려 있다. 너무 많아 고르기 쉽지 않다. 내용이 그 나물에 그 밥이라 변별력을 가지기도 어렵다. 과연 투자 기법을 몰라 부자가 되지 못하는 것일까? 인터넷에서 얻은 지식은 유용할까? 사람들은 뜨거운 물을 부으면 바로 먹을 수 있는 컵라면 같은 재테크 지식을 찾는다.

성공을 다룬 책을 쓴 작가들은 다 부자인가? 다 재테크에 성공했나? 《부자 아빠 가난한 아빠》의 저자 로버트 기요사키(Robert Toru Kiyosaki)는 부동산으로 돈을 벌었고 그 경험을 책으로 쓴 게 맞을까? 책 인세로 돈을 벌고 금융세미나 강사, 칼럼 기고, 보드게임으로 부자가 된 것은 아닌가? 이렇게 번 돈으로 나중에 부동산 부자가 된 것은 아닐까? 실제로 경험이 있는 부자, 시련을 이겨내고 성공을 거둔 사람의 책을 읽어야 한다. 그들의 성공과 실패 경험을 배워야 한다. 자신만의 단계별 부자 방정식을 만들어야 한다.

　사람들은 학벌이나 배경이 있어야 성공한다고 믿는다. 자신은 학벌도 배경도 없기 때문에 노력해봤자 소용없다고 쉽사리 포기한다. 이런 사람들과 경쟁하는 것은 쉽다. 경계심 풀어놓고 풀 뜯는 순한 양떼가 경쟁자인 것이다. 경쟁할 의사가 없는 경쟁자와의 싸움은 이미 이긴 것이나 다름없다. 그런가 하면 내가 아등바등 종잣돈을 모으는 동안, 편하게 부모에게 돈을 받아 시작하는 이들도 있다. 출발선이 다르니 이들을 제치는 것은 오래 걸리고 어렵다. 하지만 이들과 다른 방식으로 부를 쌓고 부자가 되는 공식을 이해하고 투자한다면 얼마든지 가능하다. 이들을 제치려면 노력과 절약도 필요하지만, 창의적·경제적 사고가 필요하다.

　나는 예순 살이 된 지금도 어떻게 해야 돈을 벌 수 있는지를 매일 생각한다. 돈으로 환산할 수 있는 일이라면 즉각 암산한다. 대화를 하다 보면 '상대의 매출이 얼마인지?', '재산은 어느 정도인지?'가 추측된다. 식당에 가면 매상은 얼마고 원가와 인건비, 임대료를 추측해 가게의 수익을 가늠해본다. 추측한 수치가 맞는지, 안 맞는지는 중요하지 않다. 돈으로 환산할 수 있는 것을 뇌 속에서 암산하고 즉각 출력하는 습관이 중요하다. 얕은수 같지만 이런 경제적 사고가 부자의 기본 덕목이다. 내 아내는 정반대다. 셈에 약하고 앞뒤가 맞아떨어져야만 비로소 믿는다. 입증되지 않은 것은 돌다리 두드리듯 조심해서 나아간다.

실전 투자의 예시가 될 수 있어 나의 투자 히스토리를 시기별로 정리해본다.

 # 투자 히스토리
· 1988년 : 취업, 재산 100만 원
· 1989~1993년 결혼 전까지 : 연 급여 800~1,500만 원, 영업수당 1,000만 원, 아버지 빚 상환에 마이너스 400만 원, 1989년 자취방 마련 500만 원, 1991년 첫 아파트 구입(대출 3,000만 원, 전세 4,000만 원을 활용해 잔금과 부대비용 1,000만 원 투입)
· 1993~1999년 : 1993년 결혼, 연 급여 1,500~3,000만 원, 영업수당 1,000만 원, 첫 아파트 매각 및 수지아파트 매입, 주식 투자에 몰빵하다가 1999년 빈털터리가 됨.
· 1999~ 2002년 : 연 급여 및 영업수당 7,000만 원, 원주아파트 매입, 수지아파트 매각, 제주도 귤과수원 구입 등 주식에서 부동산 투자로 전환
· 2002~현재 : 퇴사 후 사업, 초기 사업소득 대부분을 사업에 재투자, 무차입 경영을 견지하다 2017년부터 차입 경영(회사 경영위기), 2016년 이후 레버리지 활용한 부동산 투자 다양화(상가, 재개발 입주권, 오피스텔, 토지, 공매 투자 등)

 # 사업소득
· 사업 초기 : 월 300~1,000만 원
· 2006~2010년 : 월 5,000만 원 수입
· 2010~2016년 : 월 3,000만 원 수입
· 2017 ~ 현재 : 적자와 흑자 연속(평균소득 1,000만 원)

 # 임대소득
· 2016년부터 상가와 오피스텔 등에서 발생

사업 초기에는 기반을 다지고 확장을 꾀했다. 2006~2016년, 10년간 사업이 번창했다. 사업이익 대부분을 사업에 재투자했다. 일부를 부동산 투자와 연 복리 저축성보험에 가입했다. 2017~2018

년, 먹튀 조직에게 사기를 당해 회사가 도산위기에 처했을 때, 이 보험들을 해약해 단비처럼 요긴하게 사용했다.

복리의 공식을 살펴보자.

$$복리 = 원금 \times (1 + 수익률)^{유지\ 기간}$$

연 복리는 쌓이는 복리이자에도 다시 이자가 붙는 마법이다. 하지만 일정 기간 동안 시간의 족쇄에 채워진다. 수학적 감옥에 갇힌다. 앞의 개인 사례에서 시기별 투자의 포트폴리오를 살펴봤다면 이제는 들어오는 돈(수입)을 어떻게 활용했는지 살펴보자.

· **가난에서 벗어나다(1988~1993년 결혼까지)**
: 저축(10%) + 아버지 빚 갚기(20%) + 주식 투자와 레버리지 부동산 투자(60%) + 생활비(10%)

· **남들처럼 살다(1993~1999년 빈털터리가 되기까지)**
: 주식 투자 60% + 생활비 40%

· **남들처럼 살다(1999~2002년 퇴사 이전까지)**
: 부동산 투자 60% + 생활비 40%

· **사업을 시작하다(2002~2015년)**
: 사업자금 60% + 부동산 투자 및 복리보험 30% + 생활비 10%

· **부의 증식(2016~현재)**
: 부동산 투자 80% + 생활비 20%

2016년부터 임대수입이 생겼다. 먹튀로 인한 유동성 부족과 코로나 2년, 자금난을 벗어나는 데 이 돈이 큰 도움이 되었다. 벼랑

끝 위기를 잘 견뎌냈다.

부자들 대부분이 가난했던 과거를 가지고 있다. 왜, 바닥부터 올라가 부자가 된 사람이 많을까? 가난을 경험했던 부자들은 바닥으로 떨어져도 원점으로 돌아온 것이기 때문에 다시 도전하기 쉽다. 다시 해볼 만하다고 생각한다.

부자는 자신만의 부자 공식이 있다. 여러분도 자신만의 방정식을 찾아야 한다. 산수 문제가 아니다. 목표점에 갈 수 있는 빠르고 정확한 방법을 찾으라는 것이다. 막막하다면 멘토를 구하라. 그들을 따라 하라. 책을 읽고 좋은 강의를 찾아 발로 뛰어다녀라. '세 사람이 걸어가면 반드시 그중에 스승이 있다'라고 공자가 말했다.

나이가 들수록 운과 인연, 운명 같은 말이 귀에 쏙쏙 들어온다. 투자의 길에도 인연과 운명이 있다. 주변 누군가에게 자극을 받든지 책이나 어떤 기회를 만나든 인연이 찾아온다. 만나는 인연을 놓치지 마라. 삶을 송두리째 뒤흔들 운명적 기회도 인생에서 여러 번 찾아온다. 인연과 운명, 기회의 교집합은 운 좋은 사람을 불러들인다. 도움 되는 사람들이 저절로 모여든다. 그들은 귀인이든, 멘토든 아니면 함께 걸어갈 친구든 내 편이 되어줄 것이다.

06
왜 레버리지를
활용해야 하는가?

2021년까지만 해도 은행저축을 하는 사람들에게 부동산에 투자하라고 권유했다. 물가상승률을 들먹이며 저축의 단점과 부동산 투자의 장점을 설파했다. 그런데 요즘 상황이 역전되었다. 부동산 가격은 하락하고 있고 예금이자는 계속 오르고 있다. 투자에 영원한 것은 없다는 것을 절감하고 있다.

부동산 경기도 순환한다. 오르기도 하고 떨어지기도 한다. 요즘 일시적으로 하락하고 있지만 중장기적으로 수익이 날 거라고 믿는다. 물가상승률만큼 돈의 가치는 하락한다. 더욱이 우리나라의 땅은 유한하다. 그래서 자산의 가치가 낮아지기 쉽지 않다. 부동산 가격을 떨어뜨리려고 노력하는 정부는 없다. 과열되면 진정시키려 정책을 펴고 경직되면 부양책을 쓴다. 요즘 언론과 전문가라는 TV 패널들이 사람들의 심리를 얼어붙게 부추기지만, 경기가 회복되면 부동산 가격은 다시 오를 것이라고 굳게 믿고 있다.

어려서부터 저축은 좋은 것이고 빚은 좋지 않다고 배웠다. 빚은 빨리 갚아야 한다는 말을 들으며 자랐다. 고등학교 1학년 때 아버지의 사망과 파산으로 빚잔치를 했고, 남겨진 빚을 형제들이 갚으면서 부채를 더욱 혐오하게 되었다. 바보 같은 일이지만 사업을 하면서 2016년까지 무차입 경영을 한 것도 아버지의 사업 실패를 답습할까 봐 두려웠기 때문이다.

레버리지란, 남의 돈과 시간을 통해 자산 증대를 꾀하는 방법이다. 부채를 안고 하는 투자는 일반적인 투자 관행이다. 자본주의는 개인의 부를 끝없이 증가시키는 게 가능하다. 그래서 사람들은 더 많은 부를 쌓기 위해 도전하고 노력한다. 자본주의는 경쟁을 통해 발전해가지만 큰 맹점이 있다. 소수의 자본가에게 부가 쏠리는 것이다.

어떤 사람들은 부자를 시기한다. '부모로부터 재산을 물려받았겠지', '편법을 쓴 게 아닐까?', '나라도 그 돈이 있었다면 그렇게 했을 거야.' 어떤 사람들은 연봉을 올리기 위해 공부를 한다. 자신의 몸값을 올리는 것을 부자가 되는 방법으로 생각한다. 당신은 어떤 선택을 할 것인가? 열심히 노력해 성공한 직장인이 될 것인가? 아니면 레버리지를 활용해 성큼성큼 나아가는 부자가 될 것인가?

남(은행)의 돈으로 리스크를 안았지만, 이자보다 큰 수익을 노린다. 다른 사람의 노동을 빌려 더 큰 수익을 낸다. 남의 시간을 활용해 내 시간을 아낄 수 있다면 기꺼이 비용을 지불한다. 남의 지식을 활용해 성공할 수 있다면 그렇게 한다. 성공한 사람의 노하우를 배우려고 세미나에 참석한다. 그들과 관계를 맺고 멘토로 삼아 도움을 받기 위해 열성을 보인다. 그렇게 레버리지를 활용하고 멘토의 도움을 구해 성공을 향해 나아가는 사람이 많다.

실리콘밸리에는 많은 스타트업이 있다. 크라우드 펀딩을 받아 대박의 꿈을 꾼다. 투자에 성공하고 혁신적인 기술을 세상에 선보여 유니콘 기업이 된 사례가 많다. 상장할 때, 경영진은 수천억 원의 자산을 소유한 부자가 된다. 펀딩을 받는 것도 사업에서의 레버리지다.

2016년까지 사업에서 레버리지를 활용하지 않았다. 그동안 이룬 것을 홀라당 잃을까 하는 두려움이 있었다. 지금 생각해보면 후회막급이다. 기업운전자금대출이라든지 신용대출, 마이너스통장이라도 만들어 투자했다면 더 일찍, 더 큰 부자가 되었을 것이다. 늦게라도 깨우치고 부동산 투자에 뛰어든 것을 다행으로 생각한다. 그래서 자식들은 일찍 깨우치기를 바라는 마음에서 기회비용을 설명한다. 귀담아듣든, 아니든 간에 레버리지 활용은 현명한 방법이라는 것을 각인시켜주고 있다. 아빠보다 큰 부자가 되고 성공하기 바라는 게 부모 마음이다.

많은 사람이 부동산을 살 때 은행대출을 이용한다. 소비자로서 은행의 마음을 알아야 한다. 은행은 사람들이 생각보다 큰 대출을 감당할 능력이 있다는 것을 알고 있다. 하지만 정부의 규제로 한도가 정해진다. 지금은 디지털시대다. 은행은 신용점수와 변제 능력, 다른 은행의 채무 등 고객의 금융거래 정보 대부분을 안다. 정부는 대출을 규제해서 집값의 폭등과 폭락을 막는 정책수단으로 활용한다. 우리나라 가계부채 문제는 생각보다 심각하지 않다. 이유를 살펴보자.

첫째, 담보비율이 높지 않다. LTV, DSR의 비율을 정부가 정하고 통제한다. 부동산은 움직일 수 없는 자산이다. 은행 입장에서 이것보다 확실한 담보가 없다.

둘째, 연체율이 세계 최저 수준이다. 2008년 금융위기 당시 미국 모기지 대출 연체율은 13%에 달했다. 2020년 미국의 연체율은 2.75%로 낮아졌다. 우리나라의 가계대출 연체율은 2020년 말부터 줄곧 0.2% 수준이다. 미국의 1/10도 되지 않는다.

정부는 대출 규제라는 칼자루를 가지고 부동산 경기를 주무르려고 한다. 은행은 정부의 놀음에 놀아나는 것 같지만 온갖 실속은 다 차린다. 후진국만큼이나 큼지막한 예대 마진 수익을 누리고 있고 정부 보증의 서민융자를 대행한다. 은행업 면허 하나로 코도 안 풀고 막대한 돈을 끌어모은다.

1991년 첫 부동산 투자부터 25년간 뚜렷하게 수익이 난 게 없다. 은행이자를 조금 웃돌았거나 손해를 봤다. 1999년에 주식 투자까지 망치고 나니 남은 돈이 거의 없었다. 2002년, 사업을 시작할 때도 밑천이 없었다. 바닥에서 시작한 사업이었지만 매출이 늘고 수익이 났다. 번 돈을 다른 데 투자하지 않고 도로 사업에 재투자했다. 한동안 승승장구하던 사업에서 연거푸 사기를 당하자 조급해졌다. 2016년부터 본격적으로 부동산 투자를 시작했다. 사기당하느니 자산을 확보해야 내 돈을 지킬 수 있다고 믿었다. 그 결과, 지금까지 7년의 투자는 매우 성공적이다.

"대부분의 사람들에게 가장 위험한 일은 목표를 너무 높게 잡고 거기에 이르지 못하는 것이 아니라, 목표를 너무 낮게 잡고 거기에 도달하는 것이다."

미켈란젤로(Michelangelo Buonarroti)의 말이다. 당신 가슴속에 담대한 부자의 꿈을 품고 살아가길 바라본다.

07

우리나라만 있는 전세,
없어져야 하는가?

전세는 비교적 안전하게 자산을 지킬 수 있지만, 돈을 벌어다 주지는 않는다. 전쟁 후 산업화 과정에 도시 인구가 빠르게 늘어났다. 집주인은 대출 대신 전세를 이용하게 되었고, 세입자는 저렴한 가격에 거주할 수 있었다. 우리나라만의 거주 수단인 전세제도는 이렇게 생겨났다.

세입자는 집을 못 사는 걸까? 안 사는 걸까? 돈이 모자라서 집을 못 사는 사람이 있을 것이다. 집값이 내려가면 그때 사겠다고 주저하는 사람도 있을 것이다. 언론이나 폭락론자들이 경기가 나쁘니 집값이 내려갈 것이라고 불안한 심리를 조장하는 탓에 이러지도 저러지도 못하고 갈팡질팡하는 사람도 있을 것이다. 전세는 없어지는 것이 좋은 것일까? 다른 나라 사람들은 전세제도를 이해하지 못한다. 내 물건을 보증금만 받고 무료로 빌려준다는 것을 이해하지 못한다.

전세를 월세로 전환할 때, 계산하는 비율을 전·월세전환율이라고 한다. 그때그때 다르고 지역에 따라 다르지만, 대체로 한국은행 기준금리 2배 내외다. 전·월세전환율이 5%라고 가정해보자. 전세보증금이 1억 원인 집을 월세로 전환하면 5%인 500만 원/12월＝41만 6,000원을 월세로 받는 것이다. 보통은 보증금 1,000만 원에 월세 40만 원으로 결정된다. 10년 전에는 전·월세전환율이 12% 선이었고, 2021년까지는 저금리가 지속되어 전·월세전환율이 4~5% 정도였다.

몇 달 전부터 빅스텝이니 자이언트스텝이니 해서 미국 금리가 천정부지로 오르고 있다. 뒤따라 한국은행도 몇 달마다 기준금리를 올리고 있다. 전세대출 금리가 올라 세입자들도 힘들고, 담보대출 받은 집주인도 이자 부담이 크다. 요즘의 전·월세전환율은 가늠하기 어렵다. 임대인은 수시로 오르는 이자를 미리 반영해 더 높은 월세를 원하고 있다.

전세가는 어느 정도가 적정할까? 매매가 대비 전세가 비율은 60~70%가 대부분이지만, 90%도 있다. 세입자 입장에서 보면 금리가 높으면 월세가 유리하고 금리가 낮으면 전세가 유리하다.

'집값은 얼마 지나지 않아 폭락할거야', '주택보급률 100%를 넘었는데 누가 집을 살까?', '아파트를 이렇게 많이 지어대고 있으니 공급이 넘칠 것이다', '결국 언젠가는 집값이 내려갈 것이다'라고 주장하는 사람이 많다. 과연 그럴까? '우리나라가 일본 경제를 10

년 뒤처져서 따라간다'라는 말이 있다. 일본은 주택보급률 100%를 넘은 지 오래다. 전국 통계는 116%이고 도쿄는 112%다. 빈집이 1,000만 채에 육박하고 있다. 우리나라보다 먼저 1인 세대가 늘어났고 저출산, 노령화 사회를 겪었다. 일본 도시의 집값은 느리지만 지금도 상승하고 있다.

주택보급률은 주택 수를 가구 수로 나눈 값이다. 시골의 폐가와 재개발지역 내 빈집도 주택 수에 포함된다. 세컨 하우스나 별장도 합산된다. 일본과 미국 모두 주택보급률 110%를 넘었어도 1가구 1주택을 실현하지 못했다. 2020년, 인구 1,000명당 주택 수를 보면 일본 494호, 미국 425호, 프랑스 590호, 독일 509호, 그리고 우리나라가 418호다. 1,000명당 주택 수도 다른 나라를 따라가려면 아직 갈 길이 멀다. 우리나라의 2020년 주택보급률은 104%다. 서울만 보면 95%다. 그런데도 여전히 42%에 해당하는 가구는 세입자다. 우리나라 자가 점유율이 58%에 불과하다는 뜻이다.

사회에 첫발을 내디디고 만 28살에 처음으로 집을 샀다. 하지만 10년 이상 전세로 거주했다. 1989년 단칸방 전세에서 1993년 결혼 후 청주 13평 주공아파트, 천안 13평 주공아파트, 서울 19평 주공아파트, 부산 25평 아파트, 원주 32평 아파트로 전셋집을 옮겼다. 첫 집도 거주하지 못하고 팔았지만, 청약에 당첨되었던 수지의 아파트도 끝내 실거주는 못 했다. 10년 전세살이 하는 동안 회사에서 사택임차보증금을 무이자로 빌려주어 이곳저곳 발령받은 곳에서 일시적으로 전세를 살았다. 2002년, 회사를 퇴직하고 제2의 고향인 원주에 정착하기 위해 아파트를 매입했다.

전세는 집값과 상관관계가 많다. 전세가가 오르면 세입자는 돈을 보태 매입을 고려한다. 그래서 전세가가 오르고 나면 얼마 후에 집값이 오른다. 결국, 전세가는 집값 하락을 막아주는 저지선이 된다. 매매가가 올라가는 시기에도 전세가가 덩달아 오르면서 오른 매매가를 받쳐주는 역할을 한다. 결국, 전세는 집값이 내려가는 것을 막아주고 집값이 오를 때는 더 가파르게 오르도록 역할을 한다. 전세제도는 집값을 올리는 주범이 되고 있다.

전세든, 월세든 계약 시 유의해야 할 사항을 살펴보자.
첫째, 보증금을 지불할 때는 반드시 등기상 소유주에게 송금해야 하고, 보증금을 반환할 때는 계약서에 명시된 계약자에게 송금해야 한다.

둘째, 주인이 대출받고 전세를 놓는지 확인해야 한다. 세입자 모르게 당일 대출을 받고 근저당을 설정해서 나중에 세입자가 보증금을 돌려받는 데 곤욕을 치르는 경우도 있다. 깡통전세가 된 것이다. 세입자는 번거로워도 잔금일 하루 전날에 전입 신고하는 게 좋다. 전입은 계약서만 있어도 신고할 수 있다.

셋째, 욕실이나 새시에 누수가 있는지, 결로는 없는지 살펴야 한다. 살면서 수리하기 어려워 애먹는 결함이다. 이사 나올 때 집주인과 분쟁의 소지도 많다.

넷째, 혐오 시설은 없는지, 지하주차장과 지상층이 엘리베이터로 연결되지 않아 오가는 데 불편함은 없는지 꼼꼼히 알아봐야 한다.

다섯째, 보증금을 돌려받지 못하고 사정상 퇴거해야 하는 경우에는 반드시 임차권등기를 해놓아야 보증금을 안전하게 지킬 수 있다.

학군 문제, 주거환경, 직주근접, 분양제도, 정책금융, 정부 개입으로 인해 임대 시장은 복잡하게 얽혀 있다. 전세제도는 세입자 입장에서 저렴하게 거주할 수 있는 합리적인 제도다. 투자자 입장에서도 레버리지를 활용하는 좋은 도구가 된다. 보증금 받은 것을 은행에 고이 넣어두는 사람은 거의 없다. 그 돈은 다른 데 투자될 것이다. 누이 좋고 매부 좋은 제도지만, 전세는 집값을 끌어올리는 견인차 역할을 한다. 정부의 고심이 클 것이다.

전세제도는 K-POP, K-컬처처럼 우리나라 고유의 거주 제도로 자리 잡았다. 생활이 되고 문화가 되었다. 우리나라에만 있는 전세제도, 쉽게 없어지지 않을 것이다.

08

세금을
두려워하지 마라

미국 건국의 아버지라 불리는 벤자민 프랭클린(Benjamin Fran-klin)은 '이 세상에서 확실한 것은 죽음과 세금뿐'이라고 했다. 투자 수익은 세금 빼고 계산할 수 없다. 세금 제도를 모르고 하는 부동산 투자는 위험하다. 세무공무원에게 "몰라서 그랬습니다"라는 하소연은 통하지 않는다. 누락하거나 착오로 신고하면 예외 없이 가산세라는 페널티를 받게 된다. 나는 세금전문가가 아니다. 세법의 구체적인 내용을 잘 모른다. 여기서는 세율의 범위, 유의해야 할 사항, 현 정부의 세제 개편 의지만을 살펴보고자 한다.

부동산에 관련된 세금은 국세인 양도세와 종부세, 지방세인 취득세, 재산세가 있다. 양도세와 종부세는 개인 과세이므로 공동명의가 유리하다. 양도세는 2년 이상 보유 시 과세표준액 기준으로 6~45% 세율이 적용된다. 1년 미만 양도의 경우 77%, 1~2년의 경우 66%의 높은 세금이 부과된다. 세율이 높아 차라리 남에게 파느니 증여를 택하는 경우도 많다.

조정지역 다주택자는 양도세가 중과되었지만, 윤석열 정부에서는 대부분의 조정지역 규제를 풀었다. 1세대가 국내에 주택 1채를 2년 이상 보유하면 양도세가 면제된다. 2주택자라 하더라도 양도세를 면제받을 수 있는 예외조항이 있다. 예를 들어, 1주택을 양도하기 전에 다른 주택을 대체취득하거나 상속, 동거, 혼인으로 인한 2주택 보유 시 양도세가 면제된다.

또한, 일시적 1세대 2주택 특례도 있다. 단, 실거래가 9억 원 이상 고가주택이 아니어야 한다. 양도세에서 유의해야 할 사항이 있다. 양도세는 1년 단위로 개인별 양도차익을 합산해서 부과하는데 이 조항을 모르는 사람이 많다. 1년에 여러 번의 거래가 있으면 모든 거래의 양도차익을 합해서 부과한다. 나의 경우, 얼마 전에 시골집을 매각했는데 주택과 밭으로 지번이 나뉘어 있다. 매수인의 협조하에 밭은 2022년에 양도세를 신고했고, 집은 2023년에 잔금을 받고 양도세를 신고, 납부할 예정이다.

취득세는 매매가를 기준으로 부과된다. 1세대 1주택은 1~3%, 다주택자는 주택 수와 조정지역 여부에 따라 1~12%의 세율이 적용된다. 취득세에는 세액의 10%에 해당하는 지방교육세가 따라붙기 때문에 1~12%라고 해도 1.1~13.2%로 계산해야 한다. 유의해야 할 점은 공동명의로 취득하는 경우, 취득자금을 어디서 마련했는지 각각 소명해야 한다는 것이다. 지방세의 하나인 재산세는

7월에 건물분, 9월에 토지분이 부과된다. 재산세 부분은 문재인 정부에서 손댄 것이 없다.

종합부동산세를 요약해보자. 6월 1일을 기준으로 소유자에게 부과되며 그해 12월에 납부한다. 얼마 전에 다주택자에게 일부 유리하게 개정되었다. 일시적 1세대 2주택, 상속으로 주택을 취득했을 때, 투자 목적 없이 지방 저가주택을 소유한 경우, 특례조항이 생겼다. 종부세는 주택 수와 주택가격에 따라 세율이 달라진다. 전 정부는 부동산 가격이 폭등하자 28번이나 법을 고쳐 대책을 시행했지만, 속수무책이었다. 그때 왜곡된 부동산 세제가 많다. 종부세, 양도세, 취득세율을 높였고, 주택 임대사업자의 특혜를 대거 없앴다.

현 정부는 모든 것을 원상복귀시키겠다고 공약했다. 몇 번 대책이 나왔지만, 아직 미지근하다. 깨질나게 손본다. 글로벌 금리 인상으로 부동산 시장이 경색되고 있다. 세제를 원위치하기 좋은 타이밍이지만, 공약을 이행할 의사가 있는지 의심이 든다. 여소야대 정국에서 야당이 발목을 잡는다고 주장하지만, 여론을 보면 핑계이고 엄살인 것 같다. 세수가 줄어들까 봐 주저하는 것은 아닌지 모르겠다.

실전 팁을 소개한다.
첫째, 자녀가 만 15세가 되면 미성년자 비과세 증여 한도인 2,000만 원을 증여하고 아이 이름의 통장을 만들어라. 유대인 양육법처럼 아이가 재테크에 관심을 갖게 하라. 25살이 되면 성년 비과세 한도인 5,000만 원을 증여하라. 10년에 한 번, 부모와 조부모를 합쳐서 정해진 한도까지만 비과세가 가능하기 때문에 15살,

25살, 35살 이런 식으로 증여하는 것이 좋다.

둘째, 부모와 자식 간 거래를 활용하라. 시가 30% 또는 3억 원 내에서 자식에게 저렴하게 매도해도 증여세법에 문제가 없다. 예를 들어 10억 원짜리 아파트를 7억 원에 자식에게 매도하면 문제가 없지만, 6억 원에 매도하면 차액 1억 원에 해당하는 만큼 양도세를 내야 한다.

셋째, 자식이 집을 사면서 부모에게 돈을 빌리는 경우, 2억 원 정도는 무이자로 빌려도 이자에 대한 증여세 부담이 없다. 증여가 아닌 채무임이 확실하다는 것을 입증할 수 있다면, 자식의 내 집 마련을 도와줄 수 있는 좋은 도구가 된다. 참고로 상속세의 경우, 상속자산이 15억 원 정도가 넘으면 세무 조사의 대상이 된다. 따라서 임종 전에 미리 대응책을 마련하는 것이 좋다.

2015년, 아파트 한 채와 농가주택, 그리고 토지를 소유하고 있을 때 재산세는 50만 원 남짓이었다. 2016년 이후 상가를 매입하고 오피스텔, 토지와 재개발 입주권에 투자했다. 2022년 7월 건물분 재산세가 1,000만 원, 9월 토지분 재산세가 700만 원이 나왔다. 여러 부동산을 소유한 게 원인이지만, 그야말로 세금 폭탄이라는 말이 실감 날 정도다. 세금을 납부하는 달이 오면 현금이 없어 허덕인다. 3~7개월 신용카드 무이자할부를 이용한다. 지방세는 신용카드 수수료가 없지만, 국세는 0.8%의 납부대행수수료를 가산해야 신용카드로 납부할 수 있다.

1년에 몇 달 말고는 매달 세금 낼 걱정을 해야 한다. 부가세, 재산세, 5월 종합소득세와 11월 예납, 교통체증 유발 부담금, 종합부동산세 등, 2월과 8월 말고는 매달 세금에 치여 산다. 부동산 투자를 하면서 개인 명의로 4개의 임대사업자등록을 냈다. 직원이 한 명뿐이지만 부동산 임대업을 하는 법인도 운영하고 있다. 상업용 부동산과 법인은 사업자별로 세무사에 기장을 맡긴다. 물론, 종합소득세를 위해 개인도 기장하고 있다.

부동산에 투자할 때는 다음 3가지를 반드시 명심해야 한다. 첫째, 세금 제도를 공부해야 한다. 서점에 가면 부동산 절세에 관한 책이 널려 있다. '마을세무사'라는 사이트도 있다. 세무사들이 재능을 기부하는 곳이다. '한국납세자연맹'이라는 NGO조직도 있는데 상담을 받을 수도 있고, 교육을 받을 수도 있다.

둘째, 오해의 소지가 있을 수 있겠지만, 투자자라면 다소 무모해야 한다는 것이 나의 생각이다. 왜냐하면, 부동산 투자는 미래의 큰 수익을 위해 지금 작은 손해를 감수할 용기가 있어야 하기 때문이다. 세금은 거래나 보유를 하면 피할 수 없이 납부하는 비용이라고 생각해야 한다. 구더기 무서워 장 못 담그면 안 된다.

셋째, 장기적인 안목이 필요하다. 짧은 시간에 큰 수익을 올리려는 욕심으로 덤비다가는 나처럼 실패의 아픔을 겪기 십상이다. '무릎에 사서 어깨에 팔라'는 말이 있다. '발아래에서 사야지! 머리끝에서 팔아야지!' 하고 덤비면 더 큰 손해를 보게 되는 게 부동산 투자다.

제 **2** 장

부동산 투자의
다양한 점수판

01
빚을 상속받은
흙수저의 투자 스토리

어릴 적 가난과 역경을 이겨내고 부와 성공을 거둔 사람이 많다. 서점에 그들의 스토리를 담은 자기계발 책들이 넘쳐난다. 최근에는 자청의 《역행자》와 켈리 최의 《웰 씽킹》, 그리고 100쇄 인쇄를 기록해서 스테디셀러 반열에 오른 앤젤라 더크워스(Angela Duckworth)의 《GRIT》이 대세다. 무에서 유를 창조한 이야기를 읽고 그들을 따라 하려는 사람이 많다. 하지만 그들을 단순히 모방한다고 부자가 되지는 않는다. 그들의 생각과 습관, 성공의 과정을 배우고 나에게 맞게 각색해야 한다. 특히, 위기를 넘어선 지혜와 끈기, 열정을 내 것으로 받아들이는 것이 중요하다.

인생은 선택의 연속이다. 지나온 선택은 바꿀 수 없다. 그래도 늦지 않았다. 지금 당장, 부자가 되겠다고 결정하라. 지금부터의 선택이 성공을 위한 밑바탕이 되고 마침내 성취하게 될 것이다.

고등학교 1학년 때 뇌출혈로 아버지가 돌아가시기 전과 후의 삶은 천양지차(天壤之差)였다. 소싯적 우리 집안은 시골에서 제법 넉넉한 형편이었다. 아버지는 내가 5살 때 50살의 나이로 공직에서 정년퇴직하셨다. 나는 늦둥이로 태어나 부모님의 귀여움을 독차지했다. 만석꾼의 아들이었던 아버지는 6명의 자식을 가르치느라 물려받은 논밭을 팔았다. 6남매 둘은 박사, 둘은 석사, 나머지 둘은 대학을 나왔다. 그 시절, 교육열이 대단한 부모님이었다.

정년퇴직 후 아버지는 일본 담배회사 간부를 하셨지만, 이내 그만두고 10년간 사업을 했다. 하지만 방수 페인트 시공업, 연탄 아궁이 설비업, LNG 곤로 대리점 등 손대는 일마다 망했다. 1979년에 아버지가 돌아가셨는데, 그때는 이미 사업을 접은 상태였다. 마루에 누워 일본 잡지를 보고 배달 오는 〈한국일보〉를 한 글자도 빠짐없이 읽는 것이 아버지의 유일한 소일거리였다. 그날은 어머니와 셋이 늦은 점심을 먹고 있었다. 친척 채무자에게 전화가 왔고 아버지는 큰소리로 빚을 갚으라고 독촉했다. 혼을 내기도 하고 어르기도 했다. 갑자기 아버지가 "너, 이놈!" 하고 소리치면서 전화기를 놓치시더니 뒤로 넘어지셨다. 그걸로 끝이었다. 유언 한마디 없이 그렇게 돌아가셨다.

아버지는 큰 빚을 남기셨다. 차용증을 들고 조문 오는 사람이 점점 늘어났다. 채무는 감당하지 못할 만큼 큰 액수였고, 남은 식구들은 어찌할 바를 몰랐다. 사촌 형이 '빚잔치'를 제의했다. 가진 돈 전부를 내놓고 채권자들에게 나누어 가지라고 하는 것이다. 빚을 퉁치고 빈털터리로 나앉는 거다. 큰형은 독일 유학 중이었고,

큰누나는 출가외인이었다. 둘째 형은 육사를 나온 만 26살의 중위였다. 셋째 형과 작은누나는 서울에서 자취하는 대학 4학년, 대학 1학년이었다. 누구 하나 합리적인 판단을 내릴 사람이 없었다. 사람들에게 떼밀려 빚잔치가 열렸다. 어머니와 26살 풋내기 군인의 주관으로 진행되었다. 살던 집을 제외한 새마을 주택 9채, 논 9홉 마지기로도 빚을 다 갚지 못했다. 차용증을 회수하며 원금만 갚고 퉁쳤다.

그렇게 빚잔치가 끝났는데 뒤늦게 몇몇 채권자가 다시 나타났다. 미칠 지경이었다. 형, 누나는 부대와 학교로 돌아갔다. 어머니와 나는 새로 나타난 채권자에게 언제, 어떻게 빚을 갚겠다고 약속했다. 집안은 풍비박산 났다. 결국, 누나는 자퇴한 후 지방 국립대로 다시 입학했고 셋째 형은 독서실을 전전하며 1년 남은 대학을 마쳤다. 취업한 형은 둘째 형과 함께 남은 빚을 갚아나갔다. 9년이 지나갔다. 그사이 나도 대학과 군대를 마치고 취업을 했다. 그런데 그때도 여전히 집안의 빚이 남아 있었다. 본봉이 40만 원, 보너스를 합쳐 연간 기준 800만 원 남짓 벌이에서 매월 30만 원씩 3년간 빚을 갚았다. 솔직히, 막내인 나에게까지 빚이 밀려올 줄은 예상하지 못했다. 찌꺼기 빚이지만 나도 3년을 갚았다.

집이 망한 후, 가난을 몸소 겪으면서 '부자가 되어야겠다'라고 마음먹었다. 고등학교 공납금을 내지 못해 서무과 복도에 일렬로 서서 몽둥이로 머리를 맞았던 서러움을 잊을 수 없다. 1년을 독서실 바닥에 똬리를 틀고 새우잠을 잤다. 돈으로 받은 상처를 세상에 되갚아주고 싶었다. 나중에 사업을 해서 보란 듯이 성공해야

겠다고 생각했다.

대학생 때, 쌈짓돈을 시작으로 주식에 뛰어들었고 회사에 들어가서도 주식 투자에 관심이 많았다. 회사는 직원복지 제도로 '주택취득자금대출'을 해주었다. 연 4%의 금리로 3년 거치, 10년 분할상환 조건이었다. 당시 은행의 대출금리는 13%, 연체율은 19%를 넘나들었다. 4% 이자의 회사대출은 꼭 받아야 하는 혜택이었다. 1991년, 만 28살의 나이에 회사대출과 전세를 끼고 첫 집을 매입했다.

그래도 여전히 투자의 대부분은 주식에 투자했다. 결혼을 하고 맞벌이를 했지만, 둘째를 임신하면서 아내가 사표를 냈다. 외벌이로 두 아이를 키우는 것은 벅찼다. 본사 근무 8년 만에 지방발령이 났다. 이때 전세로 살던 개포주공아파트를 살 기회를 놓쳤다. 나중에 금싸라기가 될 것을 보는 눈이 없었다. 부산을 거쳐 원주에 정착했다. 이맘때 IMF가 터졌다. 회사는 허구한 날 급여를 삭감했고 상여금을 반납시켰다. 아이의 돌 반지를 금 모으기 운동에 내놓았고 허리끈을 졸라매고 살았다. 주식은 헐값이 되었다. 우리사주로 가지고 있던 회사 주식도 반값이 되었다. 이 무렵, 아내가 다시 임용고사를 보고 맞벌이에 나섰다.

1999년, 세상이 IMF에서 막 벗어나고 있을 때 코스닥 IT 관련주는 미쳐 있었다. 수십 일 상한가가 예사였다. 인터넷 전화 관련주, 인터넷 보안 관련 주에 눈이 멀었고 올인했다. 딱, 두 종목으로 무너졌다. 용인 수지에 전세 놓은 33평 아파트만 남았다. 원주에 살고 있는 집도 사택이라 내 돈이 아니었다. 주식 투자 '판'을 접었다. 남은 인생에서 주식은 다시 하지 않겠다고 결심했다. 그날 이후 24년이 지난 오늘까지, 주식 투자는 하지 않는다. 부동산 투자로 돌아섰다.

집 가진 서민을 '하우스 푸어'라고 하더니 언제부터인가 '하우스 리치, 캐시 푸어'라고 일컫는다. 자산 하나 지키다가 생활고에 빠지는 격이다. 사람들 가계자산의 64%가 부동산이라고 한다. 일본 37%, 미국 28%에 비해 월등히 높다. 내 몸 누이고 마음 편한 공간인 집은 필수품이다. 풍족한 노후를 보내려면 집 말고도 수익 나는 돈 우물이 필요하다. 연금처럼 월세 받는 부동산도 좋다. 우량기업 주식에 투자해 배당수익을 얻는 것도 좋다.

100세 시대를 넘어 120세 시대가 온다고 한다. 부자의 반열에 올라서야 노후를 즐길 수 있다. 성공한 사람 대부분은 실패를 딛고 바닥을 경험한 사람이다. 나도 흙수저 과거를 겪어냈다. 집안의 파산이 오히려 근성을 길러 주었다. 목표를 향해 나아가겠다는 일념에 지친 몸을 누이며 다음 날 아침을 맞이했다. 신문을 돌리고 막노동을 하는 아르바이트를 서슴지 않았다. 땡전 한 푼 없이 결혼했고 쪼들리게 시작했다. 긴 여정을 지나 이제야 부자가 되는 기차에 올라탔다. 부자들과 어울리며 한편이 될 것이고 정보를 나눌 것이다. 그리고 할 수 있는 한, 부자가 되려는 사람들을 도울 것이다.

첫 부동산 투자,
설렘과 두려움

　월가의 전설적인 투자자 피터 린치(Peter Lynch)는 "주식 투자를 하기 전에 집부터 사라"라고 말한다. 31년 전, 집은 큰돈이 마련되어야 사는 것이라고 막연하게 생각했다. '주식으로 돈을 불려 집을 사자. 집이 있어야 발 뻗고 잠자고 배우자를 맞이할 수 있겠다'라는 마음이었다. 자취방에서 흰 우유에 '보름달빵'과 '크림빵'으로 아침 식사를 때웠다. 퇴근 후 동료들과 선술집에서 술을 먹는 비용과 점심값을 제외하면 100원도 아꼈다. 철마다 옷 두 벌로 번갈아 입었다. 주말엔 손빨래하고 와이셔츠를 다림질했다. 친구를 만나는 것도 참았고 고향에 어머님 뵈러 가는 횟수도 줄였다. 시간 외 근무를 자원해 시간외수당을 받았다. 다른 사람 당직을 대신 맡아 당직 수당을 내 수입으로 만들었다. 부자가 되기 위해 소비 욕구를 억눌렀다. 종잣돈을 만드는 것이 급선무였다.

몇백만 원에 불과하지만 투자한 회사의 주가를 분석했다. 점심 먹고 남는 자투리 시간에 증권사 객장으로 달려갔다. 시시각각으로 변하는 빨간색, 녹색 숫자판을 바라봤다. 신용카드와 가계수표가 생겼다. 가용할 수 있는 만큼 카드와 가계수표를 활용해 투자금을 늘렸다. 발품 팔며 공모주에 청약했다. 주식 투자에 몰두하며 3년이 지났다.

3년을 재직하니 회사에서 저리의 주택취득자금대출을 해줬다. 대출과 전세를 끼고 집을 사기로 했다. 여전히 주된 투자는 주식 투자였다. 친한 동기 4명이 매입할 집을 찾았다. 당시, 전국 아파트 매매가와 전세 시세가 나오는 〈부동산뱅크〉라는 잡지가 있었다. 적은 돈으로도 살 수 있는 몇몇 아파트를 골랐다. 개포주공 13 평과 성산시영, 목동주공과 상계주공 22평이었다. 4명 중 1명은 부천지역 아파트로, 다른 한 동기는 재개발을 노리고 서대문구 냉천동의 허름한 주택을 샀다.

2명이 남았다. 퇴근한 후나 주말에 네 군데 지역의 부동산을 찾아다녔다. 두 군데로 압축했다. 개포주공과 상계주공이었다. 안목이 짧았다. 동기와 죽이 맞아 둘 다 상계주공아파트를 선택한 것이다. 후보지 4개 중 최악의 물건을 골랐다. 4호선 노원역 나오자마자 위치한 7단지 역세권에 투자했다. 게다가 22평으로 개포주공보다 넓다. 개포주공은 13평에 지하철역이 없고 버스로 출근하려면 교통체증이 심했다. 지금처럼 학군이 차지하는 비중도 크지 않았다. 미래가치를 보는 안목이 없었다.

갭 투자에 레버리지를 활용했다. 7,700만 원에 매입했다. 3,000 만은 회사대출, 4,000만은 전세를 줬다. 도배해주고 잔금과 중개수수료를 주니 1,000만 원이 조금 못 미치는 돈을 투자했다. 여전히 주식 투자가 더 큰 수익을 줄 것으로 생각했다. 동기와 둘이 집 보러 다니는 과정이 행복했다. 부자가 될 것 같았고 파산 전의 아버지처럼 열 채의 집을 갖는 꿈도 가졌다. 내 명의로 된 집이 생긴다는 뿌듯함이 있었다.

설렌 마음에 고향에 내려가 어머니와 친구들에게 성공한 것인 양, 침 튀기며 자랑했다. 대출 상환을 월급에서 공제하니 갚는 것은 큰 문제가 없었지만, 내 이름으로 된 최초의 빚이었다. 아버지 빚을 갚느라 혼이 난 경험으로 빚에 울렁증이 있었다. 나중에, 아내는 사기결혼당한 기분이었다고 했다. 장만했다던 집은 빚덩어리였고 예식비용도 큰누나에게 빌렸다가 결혼축의금으로 갚았으니 그럴 만했다.

요즘 고물가 인플레이션과 경기침체 스태그플레이션이 동시에 나타나고 있다. 고금리로 빚을 진 사람들은 이자 갚느라 지갑이 얇아지고 있다. 코로나 때, 시중에 넘치던 유동성이 메말라가고 있다. 언론까지 투자 심리를 위축시키는 보도를 해대니 주식도, 부동산 경기도 싸늘히 식어간다. 어떤 사람들은 지금을 기회로 보고 공격적으로 투자에 나선다. 또 어떤 사람들은 2023년 봄을 바닥으로 보고 투자금을 비축하고 있다. 경매로 눈을 돌린 투자자도 많다.

2021년, 〈포브스 재팬〉이 발표한 일본 최고 부자는 손정의(孫正

義) 회장이다. 개인 자산만 우리 돈으로 환산하면 49조 원이다. 손 회장은 소프트뱅크의 2022년 2분기 실적을 발표했다. 30조 원이 넘는 적자가 났고 이는 회사 가치 90조 원의 1/3에 해당한다. 이 정도 적자라면 누구든 구조조정을 하거나 일부 사업을 철수한다. 엔화 가치 하락, 글로벌 주가 하락이 주된 원인이지만 손 회장은 시장 탓을 하지 않고 본인 탓이라고 말했다. 최고경영자가 적자의 책임이 자신에게 있다고 시인하는 것은 어렵다. 그는 그릇이 큰 경영인이다. 본질인 소프트웨어 산업에 치중하면서 투자자의 지위를 유지하겠다고 한다.

그는 벤처캐피털 펀드인 비전펀드 1, 2기를 통해 470개 AI 유니콘 기업에 투자하고 있다. 그는 경기가 좋든, 나쁘든 따지지 않고 매년 20~30조 원을 이 펀드에 투자한다. 매일 미팅에 참석하면서 비즈니스 모델을 찾는다. '알리바바' 같은 진주를 찾는 것이 그의 목표다.

투자하는 사람 중 일부는 위기를 기회로 바꾼다. 지금 같이 경기가 가라앉았을 때 투자 타이밍을 놓치지 않는다. 준비된 자만이 성공할 수 있다. 지금을 저점으로 본다면 투자를 서두르는 것이 좋다. 아직 바닥이 오지 않았다고 판단된다면, 투자할 돈을 마련해놓고 투자할 곳과 타이밍 잡을 준비를 해야 한다.

부동산이든, 주식이든 투자를 통해 돈을 벌고 인생을 바꾸는 것은 본인만이 할 수 있다. 무엇을 꿈꾸고 어떤 삶을 바라는지 스스로 찾아야 한다. 언제까지 얼마만큼을 이룰 것인지 정확한 목표를 세워야 한다. 큰 부를 성취한 사람들도 작은 기회가 단초가 되었음을 명심하라. 당신에게 기회가 굴러오고 있다. 이 중 어느 것을, 언제 고를 것인지 선택하는 것은 당신 몫이다.

0점짜리
투자

1995년, 상계동 아파트를 9,100만 원에 팔았다. 4년 보유에 18%가 올랐고, 연평균 4.5% 집값이 올랐다. 별 볼 일 없는 투자였다. 결혼 후 청주, 천안에서 전세를 살다 개포주공 19평 아파트로 이사했다. 이때, 모자란 전세보증금에 보태려고 아파트를 팔았다. 그때까지 투자의 대부분을 주식에 넣었고, 주식 투자 수익률은 연 15%가 넘었다. 1996년에 용인 수지아파트 청약에 당첨되었다. 당시에는, 아파트대출이 잔금 때 이루어졌다. 주식을 조금씩 팔아 계약금과 중도금을 납입했다.

1996년에 부산으로 발령이 났다. 지방 근무를 하면 사택이 지원되니 전세금을 빼면 여윳돈이 있었다. 전세를 안고 살고 있던 개포동 아파트를 살 대박 기회였다. 개포동의 미래 모습을 전혀 예상하지 못했다. 용인 수지아파트의 중도금을 넣어야 하는 부담감에 포기하고 말았다. 부산을 거쳐 1998년 원주로 발령받았다. IMF 가 한창이었다. 회사는 직원 급여 일부와 상여금을 반납시켰다.

당시, 주식으로 운용하던 돈이 2억 원 정도였다. 10년간 회사를 다니며 모은 돈 전부였다. 물론, 전세 놓은 용인 33평 아파트가 있었다. 매매가에서 전세가를 빼면 1억 원 정도가 남았다. 1999년, 코스닥 두 종목 투자로 당찬 승부를 봤다. 반년 만에 2억 원이 단돈 몇백만 원이 되고 말았다. 아내 몰래 한화증권 뮤추얼펀드에 넣은 5,000만 원도 해지했다. 반토막이 나서 3,000만 원을 밑도는 해약금이 나왔다. 쓰라린 마음에 며칠 밤잠을 설쳤다.

실전 투자 이야기다. 먼저, 0점짜리 마음 아픈 투자다. 2000년 제주 귤과수원 투자다. 뮤추얼펀드를 해지하고 받은 3,000만 원과 보험약관대출을 합쳐 5,000만 원을 마련했다. 주식 투자로 빈털터리가 된 후, 땅을 사서 재기하겠다고 마음먹고 있었다.

당시 거주하고 있던 원주 명륜동 뒤편 농촌마을의 땅값이 평당 10만 원 남짓이었다. 주말이면 아파트 뒤쪽 농로를 거쳐 야산에 올라갔다. 오가며 눈인사를 나누다가 농부 한 분과 친분이 생겼다. 이름도 모르지만 돌 위에 걸터앉아 담배를 피우며 잡담을 나누곤 했다. 허름한 차림의 농부였지만 밭과 임야 만 평을 소유한 지주였다. 어느 날 지나가는 말로 "어르신! 맹지 말고 농로에 붙은 땅으로 1,000평만 저한테 파세요. 저 5,000만 원 있어요. 평당 5만 원이면 안 되나요?" 했다. 그분은 빙그레 웃으시며 5만 원은 안 되고 10만 원이면 생각해보겠다고 했다. 이 땅은 지금 무실택지라는 원주 최고의 금싸라기 땅이 되었다.

또한, 제주시 회천동의 귤과수원 500여 평도 사고 싶은 땅 후보에 있었다. 이 땅은 누나가 추천한 땅이다. 바다가 보이지는 않으나 마을 초입에 있고 마을도로에 접해 있다. 제주 땅값이 오른다는 공인중개사의 말에 조급해졌다. 원주 농지와 제주 귤과수원, 둘 중 고민하다가 5,200만 원에 500평 제주 땅을 샀다. 누나를 믿고 가보지도 않았다. 나중에 알고 보니 누나도 직접 보지 않았고 공인중개사의 립서비스에 속았다. 과수원 안에 무덤까지 있었다. 공인중개사가 이야기해주지 않았으니 누나와 나는 알 턱이 없었다(제주는 밭에 무덤이 많다).

거리가 멀어 관리하기 힘든 땅이라 골치가 아팠다. 땅 시세를 알지 못하니 매각 타이밍을 잡지 못했다. 현지 공인중개사 정보도 없었다. 그렇게 제주 땅은 관심 밖으로 밀려 묵혀두게 되었다. 그런데 2016년, 나도 모르게 아내가 처가에 간 김에 상의 없이 땅을 팔아버렸다. 땅을 소개한 장본인인 누나의 권유로 판 것이다.

팔았는지도 모르던 나에게 땅 판 이야기를 한 과정도 아이러니하다. 매각대금 1억 원을 잘 알지도 못하는 사람에게 빌려주고 회수가 어렵게 되자 나에게 고백한 것이다. 원주기업도시 상업지역 땅을 알선하는 브로커에게 투자한 것으로, 몇 달 내 필지가 팔리면 2배를 준다는 말에 혹한 것이다. 약속어음 공증을 담보로 받았지만, 브로커는 지주가 아니니 재산도 없을뿐더러 회생이나 파산 절차에 들어가면 공증서는 휴지 쪼가리가 된다. 세상 물정 모르는 아내가 속은 것이다. 내가 브로커를 찾아가 어르기도 하고 협박하면서 2년 뒤에야 원금과 약간의 이자를 받았다. 여러 번 찾아가 회유하고 다그치며 스트레스 받은 2년은 속 타는 나날이었다.

귤과수원을 판 사람은 16년 내내 귤 농사를 지었다. 귤 하나 먹어보라고 보내준 적도, 말을 나눈 적도 없다. 16년이 지나 2배에 팔았다. 묘지가 있는 것을 확인하지 않은 불찰이 나에게 있다. 제주 땅값이 오른다는 말에 눈이 멀어 성급하게 덤볐다.

16년을 은행예금에 넣었어도 1억 5,000만 원은 되었을 것이다. 원주에 있는 무실동 밭을 샀으면, 택지개발 때 수용되며 30배의 이익을 봤을 것이다. 5,000만 원이 15억 원이 될 뻔했다. 과수원인데 귤 한 개 먹어보지 못하고 은행이자만도 못한 투자를 한 셈이다. 0점짜리 투자다. 과유불급(過猶不及)이라는 말이 있다. 지나친 욕심으로 화를 자초했다. 게다가 성급한 성격으로 낭패를 봤다. 주식으로 자산 대부분을 잃은 직후인 2000년에 5,000만 원은 종잣돈 같은 의미가 있었다. 순간의 선택이 10년을 좌우한다는 광고 문구가 있다. 딱, 그 꼴이 나고 말았다.

토지 투자는 환금성이 떨어진다. 거래도 뜸하다. 땅 모양도 다르니 정확한 시세가 없고 부르는 게 값이 되곤 한다. 경·공매가 아닌 이상, 감정가를 알 수 없다는 점도 유의해야 한다. 대출이 안 되는 땅도 많다. 반면, 땅 보는 안목과 시세, 읽는 눈이 있다면 땅에 저축하는 것이 안전하고 수익성이 좋다.

토지 투자 시 정보공개포털 홈페이지(www.open.go.kr)를 통해 행정정보를 검색하라. 농지 살 때 유의해야 하는 것, 개발행위 가능 여부, 농지취득 자격증명 필요 여부 등 알아볼 것이 많다. 현장에 가 보고 지적도와 토지이용계획확인원을 살펴야 한다. '토지이음' 앱을 이용해 개발 가능한 땅인지 알아봐야 한다.

우리나라는 국토가 협소하다. 간척 말고는 땅을 늘릴 수도 없다. 이를 토지의 '부증성'이라고 한다. 아파트는 인터넷이나 애플리케이션이 발달되어 속을 염려가 적지만, 토지는 전문가의 도움이 필요하다. 하지만 토지 투자는 기회의 문이 될 수 있다. 토지 투자가 다른 어떤 부동산 투자보다 수익의 규모가 크다는 것은 분명한 사실이다.

80점 투자,
30점 투자

앞에서 부동산 투자 32년 중, 첫 아파트를 샀을 때부터 초기 10년 투자의 실패 스토리를 서술했다. 투자 점수를 매긴다면 0점 수준일 것이다. 10년간 3번이나 잘못된 선택을 했다. 첫째, 1991년 첫 부동산 투자에 상계주공아파트가 아닌 개포주공아파트를 샀더라면! 둘째, 1996년 부산으로 발령받아 이사 갈 때, 전세금 뺀 돈으로 거주하고 있던 개포주공아파트를 매입했더라면! 셋째, 2000년 제주도 귤과수원이 아닌 원주 무실동 농지를 매입했더라면!

버스는 떠났고 후회해도 소용이 없다. 이후 15년도 지독하게 운이 없었다. 부동산 투자의 헛발질은 계속되었다.

2002년, 14년 동안 다니던 회사가 M&A되었다. 같은 회사에서 일하던 사원 2명을 스카우트해서 작은 법인을 만들었다. 무일푼으로 시작했다. 사무실도 무상으로 빌렸고 중고 집기와 에어컨을

50만 원에 구입했다. 전국을 누비며 사업망을 넓혔다. 매출도 늘어났고 여러 도시에 지점을 늘려나갔다.

011, 016, 017, 018, 019 휴대폰 번호가 010으로 통합되고 통신사를 옮길 수 있는 번호이동제도가 시행되었다. KTF 특약점을 오픈했다. 1층 가게도 없이 사무실 한편에 진열장을 만들었다. 공기계를 가방에 넣고 서울로, 청주로 지인 사무실에 방문해 휴대폰을 팔았다. 신청서류를 받아 팩스를 보내 즉석에서 개통해주는 일이었다. 기존사업에 더해 휴대폰사업까지, 돈 벌려고 열심히 살았다.

2003년, 청주에 휴대폰을 팔려고 보따리 장사를 나갔다. 공인중개사 사무소를 운영하는 아는 누나가 땅을 사라고 권유했다. 청주 내수읍에서 초정약수로 가는 국도에 접한 900평 고추밭이었다. 지적도를 보니 네모반듯한 계획관리구역이라 개발에 제약이 없어 보였다. 6,000만 원이니 평당 7만 원 정도다. 땅을 보자마자 계약했다. 제의를 받고 1시간도 되지 않아 계약서에 사인했다.

그 후, 5개월이 지났다. 공인중개사 누나한테 전화가 왔다. 9,000만 원에 되팔라고 했다. 잠시 고민하다가 엉겁결에 팔았다. 후에 그 땅은 작은 공장과 식당이 들어선 목 좋은 땅이 되었다. 지금은 평당 수백만 원을 호가하는 땅이 되었다. 짧은 기간에 50% 수익이니 괜찮다고 생각할 수도 있지만, 결과적으로 배 아픈 투자가 되었다. 공인중개사의 권유에 성급하게 매도하는 실수를 했다. 80점 투자다.

2006년, 투자할 만한 땅을 소개해달라고 몇몇 공인중개사 사무소에 부탁했었는데 한 곳에서 연락이 왔다.

"지정면 일대에 100만 평 규모의 원주기업도시가 생겨요. 내일 언론 발표가 나요. 신평 초등학교 사거리 모서리에 정사각형, 기가 막힌 땅이 나왔어요. 기업도시 배후이니 위치 좋고 계획관리지역에 지목은 전이에요. 인천 사는 사람이 소유하고 있는데 지금 부인이 원주에 와 있어요. 간신히 꼬드겨서 승낙받았어요. 오늘 하루에 계약서 쓰고 잔금까지 몽땅 치르고 소유권이전등기가 들어가야 해요."

마음이 조급해진 나는 바로 아내에게 연락했다. 아내도 고민하다가 매입하기로 했다. 은행 통장에서 2억 원을 수표 한 장으로 찾았고 매매대금 전부를 일시에 지불했다. 동시에 소유권이전등기도 접수했다.

다음 날 기업도시 발표가 났다. 부자가 된 듯 기뻐서 아내와 얼싸안았다. 그해와 다음 해, 농사를 지었다. 주말마다 네 식구가 잡초를 뽑았다. 토, 일요일 내내 풀을 뽑고 호미질을 했다. 나도 지치고 힘에 부치는데 아이들은 어떠할까? 농사짓기를 좋아하는 아내만 빼고 셋은 힘들어했다. 아이들에게 "공부할래? 밭에 갈래?" 하면 공부를 택했다. 결국, 농사는 아내와 내 몫이 되었다.

밭에 있다 보면 지나가는 공인중개사 사장님들이 말을 걸어왔다. 교차로에 붙은 요지라 팔 생각 없냐는 제안이 많았다. 그러던 어느 날, 땅을 살 때 소개한 공인중개사 사무소에서 연락이 왔다. 평당 130만 원에 팔겠냐는 문의였다. 40만 원에 샀는데 2년도 지나지 않아 130만 원이면 3배가 넘게 올랐다. 땅만 쳐다봐도 행복했다.

그런데 사달이 나고 말았다. 건설교통부에서 기업도시 100만 평을 심의하는 과정에서 설계변경 지시가 났다. 반경 내의 야산을 없애지 말고 녹지를 보존하면서 100만 평을 확보하라는 것이다. 162만 평으로 개발 면적이 늘어났다. 내 땅이 수용되고 말았다. 마을 주민들과 집회를 하고 반대했지만, 소용이 없었다. 평당 42만 원씩 보상받았다. 40만 원이 2년 만에 42만 원. 거의 은행이자도 안 되는 투자가 되었다. 등기비용과 중개수수료를 감안하면 한 푼도 남은 게 없었다. 국가를 상대로는 당할 길이 없었다. 30점짜리 투자가 되었다.

2008년, 보상받은 2억 1,000만 원에 돈을 보태 2억 6,000만 원에 원주시 판부면에 전원주택을 매입했다. 부동산 투자에 지쳤다. 주말별장으로 숯불 바비큐나 해 먹고 낭만적으로 살기로 했다. 텃밭에 유기농 야채나 키워 먹자고 서로를 위안했다. 15년 부동산 투자에 운이 따르지 않았다. 사업은 번창했지만, 투자 성적은 젬병이었다. 주식도 부동산도 운이 오지 않았다. '몸으로 일해서 돈을 버는 팔자'라고 생각했다. 사업에서 번 돈을 사업에 재투자했다. 수익이 나는 곳에 돈을 투입했다.

2016년까지 무차입 경영을 했다. 빚으로 사업을 하다 망한 아버지 전철을 밟기 싫었다. 그런데 2016~2019년에 많은 먹튀 사기를 당했다. 100명이 넘는 사람에게 사기를 당했고 수십억 원을 잃었다. 부채가 생기기 시작했다. 이러다가 번 돈 대부분을 잃을지도 모른다는 불안이 엄습했다. 부동산을 매입해 재산을 지켜야겠다고 생각했다. 2016년, 다시 부동산 투자에 뛰어들었다. 안전한 자산을 가지려는 단순한 생각에 닥치는 대로 부동산을 매입했다. 상가를 사고 공매에 뛰어들었다. 재개발 입주권 투자를 하고 땅을 샀다. 아파트와 오피스텔도 매입했다.

사장은 혼자 결정해야 하고 회사의 흥망성쇠를 책임져야 한다. 지금에야 20년이 넘는 장수기업이 되었지만 여러 번 위기를 겪어왔다. 비슷한 시기에 회사를 차린 대부분의 경쟁자가 시장에서 도태되었다. 2006~2009년 최고 호황을 누릴 때, 사업에 재투자하지 않고 부동산 투자를 택했다면, 큰 부자가 되었을 것이다. 수익의 절반만이라도 부동산에 투자했었다면 어땠을까?

어느덧 예순 살이 되었다. 나이를 먹어보니 돈보다 더 중요한 가치에 눈을 떴다. 남은 인생, 하고 싶었던 일인 글쓰기에 몰입하려고 한다. 글을 쓰고 선한 영향력을 줄 수 있는 사람이 되는 것이 삶의 목표가 되었다.

"만족할 줄 아는 사람은 진정한 부자이고, 탐욕스러운 사람은 진실로 가난한 사람이다."

아테네 시인 솔론(Solon)의 말이다.

100점
투자

32년의 부동산 투자를 시기별로 나누면 3개의 사이클로 나눌 수 있다. 첫 투자부터 15년을 첫 번째 사이클, 2006년 기업도시 투자부터 2014년 소초면 산지 개발 투자를 두 번째 사이클로 볼 수 있다. 그리고 2016년부터 지금까지가 세 번째 사이클이다. 나누고 보니 특이한 점이 있다. 첫 15년은 수익을 보지 못한 기간이었다. 다음 10년은 개발호재만 노리다 수익을 보지 못하고 기회를 놓쳤다. '닭 쫓던 개 지붕 쳐다보는 격'이었다. 1~2기, 25년 내내 부동산 투자에서 별 재미를 보지 못했다.

세 번째 사이클인 최근 7년이 투자에 성공한 시기다. 부동산에 안목이 생긴 지 7년에 불과하다는 말이며, 운이 따랐던 기간이 짧다는 뜻이다. 대박 나는 투자가 가능하게 된 데는 몇 권의 책과 고수의 가르침이 있었다. 25년 도전했던 실패도 밑거름이 되었을 것이다. 섣부른 결정을 참아낼 수 있었다. 과감하게 투자했고, 아니다 싶으면 포기했다. 과거 잘 안된 투자의 아픔은 희석되었지만, 오랜 기간의 경험은 노하우가 되었고 자양분이 되었다.

2002년, 사업을 시작할 때는 내 인생의 변곡점이었다. 가진 돈이 거의 없었고 미래가 불투명했다. 일단 주거 안정을 위해 가족의 보금자리가 필요했다. 수지아파트를 팔고 원주의 아파트를 샀다. 사택을 반납하고 거주할 집을 마련한 것이다. 2006년, 평수를 늘려 다른 아파트를 분양받아 입주했다. 이 집은 지금도 소유하고 있는데 아이들 초등학생 시절부터의 추억이 남아 있기 때문이다. 이 집에서 행복했던 기억이 많다. 이 집에 애착이 있어 팔고 싶은 마음이 들지 않는다. 2023년 1월 이 집에 도로 입주했다. 4년간 전세 놓고 받은 전세보증금으로 서울 입주권 투자를 해서 큰 이득을 봤다. 그 이야기는 뒤에 자세히 쓸 예정이다.

2016년 여름, 아내와 처가에 갔다. 갈 때마다 제주 관광을 해서 딱히 갈 데가 없었다. TV를 보다가 졸리면 낮잠을 잤다. 장인어른은 채널을 바꾸며 온종일 〈나는 자연인이다〉만 시청하다가 지나가는 말로 이런 말씀을 하셨다.

"이 서방! 내 꿈이 육지에 나가서 산속에 집 짓고 저렇게 자연인처럼 사는 거야. 밥해 먹고 나무하고 저 사람처럼 다 할 수 있어. 어릴 때 소 풀 먹이고, 꼴 베고 소여물도 끓였는데 못 할 게 뭐야."

TV에 나오는 자연인이 부러우신 모양이었다.

"힘들어서 못 해요. 장모님이 해주는 밥상 또박또박 받다가 어떻게 밥을 해 드시려고요?"

"지금도 내가 혼자 차려 먹어. 찌개도 끓일 줄 알고 밥도 해. 못할 게 뭐야?"

자신에 찬 말투셨다. 하루 이틀 문제가 아닌데 쉬운 일로 여기시는 것 같았다. 그래서 농담처럼 한마디 건넸다.

"제가 땅 사드려요? 임야는 땅값 싸요."

갑자기 이야기가 엉뚱하게 흘러갔다. 장인어른께서 땅을 사달라고 하시는 것이다. 사위가 부자라는 것을 입증하고 싶어졌다. 화끈하게 결정하는 사나이로 인정받고 싶었다.

바로 옆방으로 건너와서 한국자산관리공사의 '스마트 온비드' 애플리케이션을 깔았다. 날밤을 새며 2개의 투자 물건을 골랐다. 첫 번째 물건은, 전남 고흥군 작은 섬의 폐교(분교)였다. 사방으로 바다가 내려다보이는 곳이었다. 빨간 벽돌로 된 낡은 관사가 있으니 조금 손을 보면 사람이 살 수 있을 것 같았다. 또한, 전기와 수도가 있고 마을 주민들과 소통할 수 있다. 미래의 계획사업이지만 고흥읍에서 작은 섬들을 연결하는 다리와 도로 건설계획이 있었다. 그래서 그런지 제법 값이 나갔다.

장인어른은 고향이 전남 해남이고 제주에서 50년 넘게 사셨다. 평생 바닷가에 사셨으니 바다에 대한 로망은 없을 것이다. 하지만 나는 바다가 없는 충북 출신이다. 바다를 보면 설렘이 있다. 교육청에서 내놓은 물건이니 권리분석도 필요 없다. 찜하고 '나의 온비드'에 관심물건으로 등록했다.

두 번째 물건은 가평의 임야였다. 넉넉한 평수에다가 마을에 접해 있다. 바로 앞 암자까지 전기가 들어와 집을 지으면 전기도 끌어올 수 있다. 상수도가 안 된다면 지하수를 파서 쓰면 된다. 대부분이 농림지역이지만 200평 계획관리지역이 있다. 여기에 집을 지으면 아무런 문제가 없다. 감정가의 1/4수준으로 떨어진 가격까지 착하다.

채무자는 농업회사법인이다. 실거래가를 보니 3년 전에 감정가 정도로 매입한 땅이다. 회사 사무실과 창고를 지으려고 한 것 같다. 관할법원에 직접 가서 입찰하는 경매와 달리, 공매는 인터넷으로 입찰할 수 있다는 장점이 있다. 소유권이전등기서류도 한국자산관리공사에서 준비해준다. 지적도, 토지이용계획확인원만 검색하고 임장을 하지 않았다.

두 물건에 입찰했다. 가평 것만 낙찰되었다. 몇 년째 이 땅은 묵혀둔 그대로다. 장인어른이 자연인으로 변신할 마음이 없어졌기 때문이다. 이때부터 공매에 재미가 붙기 시작했다. 종로구 부암동의 밭 700평과 원주시 흥업면의 자연녹지 100평도 공매로 매입했다. 모두 저렴한 가격에 낙찰받았다. 부암동 토지는 청와대 뒤에 위치해 있는데 대공방어구역이고 개발이 제한되어 있는 토지다. 하지만 윤석열 정권이 들어선 후, 청와대가 시민의 품으로 돌아왔다. 만약에 대공방어구역이 해제되고 개발제한이 풀리면, 초대박이 기대되는 땅이다. 이 땅에 관한 이야기는 뒤에서 자세히 다룰 예정이다.

지인이 부동산으로 돈을 벌었다고 하면 샘이 난다. 귀가 얇아지고 조급해진다. 다른 사람을 따라서 추격매수하기도 한다. 마음이 급하면 이것저것 따지지 않고 무모하게 덤비기 쉽다.

한동안 부동산 관련 책을 굉장히 많이 읽었다. 하지만 대부분 본인 투자를 자랑하는 책이 많았다. '책 쓴 사람이 진짜 부자일까?' 하는 의심이 들었다. 부동산으로 승부하기로 마음먹고 전문가를 찾았다. 숨은 고수들을 찾아 그들의 강의를 들으러 찾아다녔다. 강의장에 가면 부자를 꿈꾸는 젊은이들이 많이 온다. 그 정도 열정이라면 그들은 언젠가 부자가 될 것이다.

워런 버핏은 "여유자금을 항상 준비하고 있으라"고 말하며 "모두가 투자를 기피할 때가 투자에 가장 적합한 시기"라고 했다.

06

300점

투자

2016년부터 사기꾼이 꼬이기 시작했다. 초기지원금을 받고 도주하는 이른바 '먹튀사고'가 연달아 터졌다. 사기꾼들 몇 명은 교도소에 갔지만, 대부분의 돈을 회수하지 못했다. 인천, 여주, 원주에서는 한두 명이 아닌 팀 단위의 사기조직이 몰려왔다.

인터넷에 나오는 재미있는 사기꾼의 특징 7가지를 인용해보겠다. 첫째, 허우대가 좋다. 둘째, 목소리가 크고 당당하다. 셋째, 구체적이지 못하다. 넷째, 정의를 부르짖는다. 다섯째, 눈물로 호소하는 등 감성적이다. 여섯째, 친해질 이유가 없는데 친한 척한다. 일곱째, 능력보다 배경을 내세운다. 사기꾼 기질을 잘 찾아낸 것 같다.
"교묘한 말과 아첨하는 얼굴을 한 사람 중에 착한 사람이 적다"라고 공자는 말했다.

수익을 자산화해야 돈을 지킬 수 있을 것만 같았다. 공매에 뛰어들어 여러 건을 매입했다. 그중에서 2016년 부암동 토지 공매 건은 300점짜리 투자이기에 간략하게 소개한다.

청와대 뒤 700평, 계획관리지역에 지목이 전이다. 썩어도 준치라고 서울 땅이니 욕심이 났다. 그런데 낙찰받았는데, 문제가 생겼다. 농지취득자격증명이 필요했다. 그런데 농업인이 아니니 농지원부도 없었다. 채권자인 성북세무서에 전화했다. 공매 공고에 농지취득자격증명이 필요한 것을 왜 기재하지 않았냐고 따졌다. 민원을 내겠다고 우겼더니 공무원이 마음대로 하라고 한다. 입찰보증금도 돌려주지 않으니 알지도 못하는 체납자 세금을 대신 내줄 판이었다.

종로구청으로 쫓아갔다. 개발제한구역이라 어차피 농사도 지을 수 없고 땅에 출입도 할 수 없는데 왜 농지취득자격이 필요하냐고 우겼다. 공무원은 "다른 사람들에게도 전화가 많이 왔어요. 알아보고 다들 포기했는데 왜 알아보지도 않고 낙찰받으셨어요?"라고 말했다. 입찰보증금을 고스란히 날리게 되었다. 구청 공무원은 귀찮았는지 등기소에 방법이 있는지 알아보라고 했다.

덕수궁 안에 있는 등기소로 찾아갔다. 바쁜 공무원을 귀찮게 하니 공무원이 방법이 있는지 알아보겠다며 집으로 돌아가 기다리라고 했다. 이틀 뒤 등기소에서 전화가 왔다. 방법을 찾았다. 예외적으로 인정할 수 있는 조항이 있고 가능할 것 같다고 했다. 안도했다. 그렇게 우여곡절 끝에 취득했다. 대통령이 용산으로 집무실을 이전했으니 개발제한이 풀리기를 학수고대한다. 언제가 초대박이 날 것이라 기대하며 인내심을 갖고 기다리고 있다.

그해, 상업용 부동산을 분양받았다. 상봉역 초역세권 상가 6실, 분양면적 400평이다. 이미 S보험회사가 2억 2,000만 원의 보증금에 월세 1,000만 원으로 임차하고 있다. 미분양 물건을 공실로 두느니 임대 놓은 것이다. 분양가는 22억 5,000만 원, 혼자 감당하기에 큰 금액이었다.

제주에서 한의원을 하는 후배와 공동 투자하기로 했다. 공인중개사와 함께 시행사를 만났다. 몇 안 남은 미분양 물건이니 빨리 팔고 분양 팀이 철수하는 게 이득 아니냐고 꼬드겼다. 15억 원을 제의했다. 30%가 조금 넘는 할인분양가다. 거절당했다. 관리사무실을 나오니 공인중개사가 아쉬워하며 물었다.

"18억 원이면 20% 할인인데 그 정도면 어떨까요? 제가 한번 나서볼까요?"

"아니요. 15억 원 아니면 안 사겠습니다."

기대하지 않고 있었는데 며칠 후 공인중개사에게 전화가 왔다. 15억 원으로 합의가 되었다는 이야기였다. 제주 후배에게 기쁜 소식을 전했다. 그런데 문제가 생겼다. 후배가 현금 동원이 어렵겠다며 자기는 투자에서 빼달라고 했다. 난감했지만 돈을 빌려서라도 혼자 분양받기로 했다.

| **소요자금** | 매입가 15억 원, 취득세 7,000만 원, 선수관리비 500만 원,
계 15억 7,500만 원
| **레버리지** | 은행대출 8억 5,000만 원, 임차보증금 2억 2,000만 원,
계 10억 7,000만 원
| **필요자금** | 5억 5,000만 원

통장에 들어 있는 여윳돈과 친구에게 2억 원을 빌려 매입했다. 세입자인 보험회사는 지금까지 6년 반을 단 하루도 어김없이 임대료를 내고 있다. 보증금을 감안하지 않더라도 월세 1,000만 원씩 78개월이면 7억 8,000만 원을 받았고, 실제 투입한 자금인 5억 5,000만 원을 이미 넘어섰다. 거기다가 매월 300만 원을 원금상환해왔다. 은행대출도 8억 5,000만 원에서 6억 1,600만 원으로 줄어들었다. 300점짜리 투자다.

같은 해, 원주의 핫플레이스, 무실택지 상업지역에도 투자했다. 8층 건물 한 층 300여 평을 분양받았다. 6호실을 4개 호실로 개조해 등기했다. 굴착공사 하는 초기에 분양받아 다른 층보다 5% 싸게 분양받았다.

| **소요자금** | 분양가 16억 7,000만 원, 취득세 8,000만 원,
계 17억 5,000만 원
| **레버리지** | 은행대출 8억 5,000만 원, 임차보증금 세입자 3곳 1억 원,
계 9억 5,000만 원
| **필요자금** | 8억 원

계약금과 중도금을 3개월마다 나누어 납부하니 3개월 사업으로

번 돈을 쏟아부으며 모자라면 보험약관대출을 받아 충당했다. 잔금은 은행대출을 받아 해결했다. 보증금 외에 월세가 1,050만 원이 들어온다. 6년이 되어간다. 70개월 동안 7억 3,500만의 월세를 받아 투입한 자금의 92%를 회수했다. 상봉동과 마찬가지로 매월 300만 원을 원금상환하고 있다. 8억 5,000만 원의 대출금이 6억 4,000만 원 남아 있다. 이것도 300점짜리 투자다.

물가상승률보다 낮은 예금이자를 받으면 자산이 줄어든 것이다. 경제성장률보다 자산가치가 적게 올랐다면, 자산이 줄어든 것이다. 투자는 내 돈이 줄어들지 않게 막아주는 경제활동이다.

최근, 미국이 물가를 잡겠다고 자기네 나라의 인플레이션을 수출하고 있다. 미국이라는 거대한 세력의 횡포에 전 세계 경제가 신음하고 있다. '킹달러'라는 말답게 달러의 가치는 높아졌고, 다른 나라 화폐가치는 떨어지고 있다. 미국에서 생산하지 않은 상품에 관세 철퇴를 내린다. FTA도 소용없다. 자기 나라에 유리하게 해석하고 적용한다. 미국은 깡패가 되어가고 있다. 바이든(Biden)의 자국 우선주의는 막무가내 트럼프(Trump)를 넘어서고 있다.

주택의 공급은 3년 이상 집 짓는 기간이 필요하다. 빵 구워내듯 쉽게 만들어지지 않는다. 토지는 '부증성'이 있다. 늘릴 수가 없는 것이다. 물가가 오르고 경기가 살아나며, 돈이 시중에 넘쳐나게 되면 부동산 가격은 다시 들썩일 수밖에 없다. 기회는 점점 더 다가오고 있다.

07

재개발·재건축
투자

사기당하고 돈 떼인 괴로움을 덜어내고자 술을 찾았다. 횟수도, 마시는 양도 경계를 넘어섰다. 중독자가 되었다. 불안, 초조, 짜증, 우울, 자기비하, 남 탓하기, 자기연민 등 중독 증세가 나타났다. 2017년부터 아내는 경매 학원, 토지 강의, 부동산 강의를 들으러 주말마다 서울과 수원으로 집을 나섰다. 아내가 집을 비우면 언제나 술독에 빠졌다. 아내가 배우는 부동산에 관심이 있었지만, 술을 마시고 싶다는 충동이 우선이었다.

아내는 떼인 돈을 부동산 투자로 벌어서 메우라고 했다. 내 능력이면 반드시 할 수 있다고 격려했다. 아내의 손에 이끌려 김승호 회장의 강의를 들었다. 그와 내가 크게 다른 점은 술이었다. 모든 면에서 나보다 훌륭한 분이지만, 가장 큰 차이는 내가 알코올중독자라는 것이었다. 술에서 벗어나야겠다고 발버둥쳤다. 이후 부동산 관련 책을 닥치는 대로 읽기 시작했다.

2018년 6월, 이문동 재개발지역에 아파트 입주권이 나오는 낡은 주택을 매입했다. 돈이 없으니 투자하지 말자고 아내를 말렸지만, 아내는 '김사부' 강의를 듣고 수익이 날 거라고 확신했다. 토요일, 아내가 서울에 가더니 전화가 왔다.

"여보! 이거 무조건 사요. 당신이 반대해도 지금 가계약할 거예요. 내일 당신이 마무리하세요."

낮부터 집에서 혼자 술을 마시고 있었다. 술을 마신다는 죄책감에 반대 의사를 말하지 못했다. 그렇게 가계약을 하고 아내가 돌아왔다. 다음 날, 울며 겨자 먹기로 본 계약을 하고 잔금과 등기 등 뒷수습을 했다. 그런데 이 투자가 대박이 났다.

1. 재개발지역 내 주택의 권리가액 – 2억 4,000만 원
2. 프리미엄 – 1억 6,000만 원
3. 최초 투자액 – 4억 원
4. 이주비 대출 – 1억 원
5. 실투자액 – 3억 원
6. 원주아파트 2억 4,000만 원에 전세 주고 세컨 하우스로 이사
7. 실제 조달한 자금 – 6,000만 원

감정하기 전, 주택가를 2억 4,000만 원으로 계상하고 P(프리미엄)를 1억 6,000만 원 얹어 4억 원에 84m^2 아파트 입주권을 산 것이다. 곧 철거에 들어가 이주비 대출 1억 원을 무이자로(조합이 이자 전액 부담) 받았다. 결과적으로 3억 원을 투입한 것이다. 나중에 감정을 해보니 권리가액 2억 4,000만 원이 감정가액으로 2억

6,000만 원이 되었다. 결과적으로는 P 1억 4,000만 원에 산 게 되었다. 지금은 부동산 시장이 경색되어 있지만 얼마 전까지 P는 8억 원을 호가했다. 2024년 10월 완공을 목표로 한창 짓고 있다.

2019년에도 재개발 투자를 했다. 이것도 아내의 선택이었다. 마찬가지로 '김사부' 강의를 듣고 아내가 안산 선부동 아파트 입주권을 매입했다. 부부 싸움을 하고 홧김에 올라가 매입했다. $59m^2$ 아파트이며, 신안산선의 선부역 초역세권이다. 2억 9,000만 원 분양가에 P 3,500만 원을 주고 샀다. 2020년 10월에 완공되어 전세를 놓고 있다. 3억 2,500만 원에 샀고 2021년에 6억 원을 넘었으나 최근 5억 5,000만 원 선이다. 이 아파트는 온전히 아내 돈으로 투자된 아내 명의의 물건이다. 내 도움 없이 매입했다.

2020년에도 재개발 투자를 했다. 인천 부평구 산곡동의 재개발 물건이다. 이 투자도 '김사부'의 추천물건이다. 나도 뒤늦게 '김사부'의 정회원으로 가입하고 아내와 함께 강의를 들었다. 지하철 7호선 종점이었던 부평구청역에서 산곡역으로 연장 개통이 임박해 있었다. 초역세권이며 초등학교가 단지 내에 있는 '초품아'다. 상가이만, $84m^2$ 입주권이 나온다. 감정가 3억 3,000만 원, P 1억 1,000만 원을 주고 4억 4,000만 원에 샀다. 상가 투자라 철거 때까지 매월 월세를 받고 있다. 2023년 2월 철거에 들어가고 착공한다. P 1억 1,000만 원에 매입했으나 지금 P는 4억 원 정도다.

새 정부가 들어섰다. 1기 신도시 재건축 공약이 나왔다. 용적률 300%, 역세권은 용적률 500%까지 허용한다는 공약이 남발되었다. 용적률을 볼 때 일산, 분당은 사업성이 있지만, 중동, 산본, 평촌은 용적률이 높아 큰 수익을 기대하기 어렵다. 일산을 주목했다. 2023년 안에 대곡소사선이 개통한다. 대곡역은 일산역과 역으로 한 칸이다. 또한, 대곡역은 GTX-A노선이 정차할 예정이다. 일산역 앞 후곡마을은 학군이 좋다. 후곡마을 3, 4, 10, 15단지가 의기투합해 통합 재건축을 추진한다. 4,000가구가 넘는 대단지 탄생이 예상된다.

6월, '김사부'의 강의를 듣고 84m^2 아파트를 매입했다. 재건축 아파트 투자다. 7억 8,700만 원에 매입했고 5억 9,000만 전세 레버리지를 활용했다. 투자금 2억 원이 들어간 셈이다. 물론 취득세와 중개수수료는 별도. 일산에서 뜨거운 지역이지만, 최근 부동산 경기가 경직되어 매매가가 하락했다. 잔금을 치르는 10월에 보니 실거래가 6억 8,000만 원 거래가 떴다. 4달 만에 1억 1,000만 원이나 가격이 내려갔다. 더 기다렸어야 하는데 성급하게 투자하고 말았다.

하지만 결국에는 1기 신도시 재건축은 빠르게 진행될 것이다. 신도시는 유권자가 많다. 선거용 개발 공약이 나올 것이다. 정부가 주도하지 않으면 경기도가 주관하겠다고 취임한 도지사가 공언하고 있다. '무릎에서 사서 어깨에 팔라'는 말이 있다. 일산 재건축 투자는 바닥에서 사지 못하고 무릎에서 산 것 같다. 어깨든, 머리끝이든 오르기를 참고 기다릴 예정이다. 재건축이 될 때까지 묵힐 것이다.

4건의 재개발·재건축 투자를 했고 지금 모두 소유하고 있다.

재개발·재건축은 조합설립인가, 사업시행인가, 관리처분인가라는 3단계를 거친다. 재건축은 7~8년으로 다소 짧지만, 재개발은 10~15년이 소요되는 장기레이스다.

재개발·재건축 투자에서 유의해야 할 것이 있다. 첫째, 장기간 돈을 묻어둘 작정을 하고 투자해야 한다. 둘째, 사업이 무산될 가능성도 있다는 것을 유의해야 한다. 나는 반드시 사업시행인가가 난 이후의 물건에 투자한다. 재건축의 안전진단 단계, 재개발의 사전타당성심의 단계(사타단계), 조합설립인가 단계는 투자하지 않는다. 주민동의를 받는 단계는 아예 거들떠보지도 않는다. 셋째, 무허가주택(일명, 뚜껑이라고 함)의 경우, 구청에 명의변경이 가능한지, 무허가건물확인원 발급이 가능한지 여부를 확인해야 한다. 입주권이 나오느냐의 중요한 판단 기준이 된다.

재개발·재건축 투자는 조합원 간 분쟁도 많고 이권을 노리는 세력이 개입하게 된다. 조합에 우호적인 세력과 반대세력의 첨예한 싸움이 벌어진다. 시간이 오래 걸리고 과정이 복잡한 단점이 있지만, 싼값에 집을 살 수 있다는 장점이 있다. 재개발·재건축, 그리고 정비사업은 시간도 오래 걸리고 과정도 복잡하다. 투자에 앞서 정확한 이해가 필요하다.

대박 기회를 놓치다 –
보류지 입찰

아내가 먼저 '김사부'의 연회원이 되고 2019년에 나도 부부회원으로 등록했다. '김사부'는 신중한 성격이다. 매달 6~8건의 추천물건 보따리를 푼다. 80%의 성공 확률만 믿으라고 한다. 돈이 모자라 투자하지 않았거나, 너무 먼 지역이라 포기한 경우가 많다. 임장을 갔더니 이미 매물이 소진되어 투자를 못 한 경우도 있다. '김사부'가 분석해서 회원들에게 추천한 물건은 고르고 고른 물건이다. 회원들은 '김사부'를 철저히 신뢰한다. 그는 허풍과 과장이 없는 부동산계의 고수다. 2019년 4월 '김사부'는 고덕그라시움 보류지 입찰을 추천했다. '김사부'를 통해 '보류지'라는 말을 난생처음 들었고 알게 되었다.

보류지란 재개발·재건축 사업 과정에서 아파트를 분양할 때, 착오로 분양 대상자를 누락하거나 혹여 생길지 모르는 소송에 대비해 남겨둔 예비물량을 말한다. 입주가 가까워질 때, 문제가 생길 여지가 없으면 공개 입찰한다. 부동산 고수들 사이에서 보류지는 숨은 로또라고 불린다.

보류지의 장점은 첫째, 청약통장이 필요 없다. 19세 이상 개인, 법인 누구나 신청이 가능하다. 둘째, 동과 층수가 좋다. 미리 동과 호수를 알 수 있어 원하는 호수를 지정해 입찰한다. 셋째, 전매 제한이 없고 실거주 의무가 없다. 낙찰받자마자 바로 팔아도 된다. 넷째, 프리미엄을 얹어 입찰하므로 조합원분양가보다는 높지만, 시세보다 낮은 가격에 매입할 수 있다.

반면, 단점도 있다. 첫째, 대출이 어렵다. 현금 여력이 있는 부자들이 유리한 이유다. 둘째, 입찰 후 중도 포기 시 계약금 10%를 돌려받지 못한다. 셋째, 입주가 임박해 있어 분양금액 납부 시한이 짧다. 자금을 마련해야 하는 경우, 시간이 촉박하다.

2019년 4월 고덕그라시움 아파트 보류지 입찰이 있었다. 고덕그라시움은 고덕주공 2단지를 재건축한 아파트로 4,932세대의 강동구 최대단지다. 59㎡, 73㎡, 84㎡ 13가구가 나왔다. '김사부'는 5,000만 원 정도의 P를 쓰고 입찰해보라고 권장했다. 아내와 임장을 다녀왔고 단지 배치도를 놓고 고민했다. 지하철역과 가까운 로얄 동은 배제했다. 단지 안쪽, 84㎡의 23층 1채를 골랐다. 아내가 '교원공제'에서 급히 대출 9,000만 원을 받아 수표 1장을 주었다.

입찰할 때, 프리미엄으로 쓰는 금액 전부를 현금으로 납입해야 한다. 9억 9,600만 원 입찰 기준가에 P 9,000만 원을 보태 10억 8,600만 원을 입찰가로 쓰고 입찰서를 제출했다. 내가 지정한 호수의 경쟁률은 10대 1이었다. P 1억 1,700만 원을 쓴 사람이 낙찰받았다. 2,700만 원 차이로 떨어졌다. 11억 1,300만 원에 낙찰받은 사람은 대박이 났다. 지금 19~20억 원을 호가한다.

보류지는 입주 2~3달을 남기고 입찰한다. 재개발·재건축 과정에서 혹시 생길 수 있는 누락분을 보완하기 위해 분양하지 않고 보류해둔 물건이다. 중도금 집단대출이 이미 실행되어 대출 레버리지를 활용하기 어렵다. 보류지 입찰을 노리는 현금 부자들이 많다. 아마 어떤 부자는 보류지 13채에 모두 입찰했을지도 모른다. 가족 여러 명 명의로 입찰했을 수도 있다. 현금 부자는 선택의 폭이 넓다.

보류지 투자가 무엇인지 알게 된 후, 돈이 돈을 번다는 의미를 알았다. 내가 자금을 동원할 능력이 있었다면, 여러 호에 입찰했을 것이다. 허무맹랑하다고 생각할 수 있지만, 예를 들어본다. 만약 내가 현금 10억 원이 있었고 전세 레버리지를 이용하기로 정했으며, 1억 4,000~1억 5,000만 원을 P로 7채를 낙찰받았다면 어떻게 되었을까? P 1억 5,000만 원이 평균 8억 원의 수익을 낸 것이다. 6억 5,000만 원씩 7채, 즉 45억 원 이상을 번 것이다. 불과, 1년 만에 10억 원이 55억 원이 될 수 있다는 말이다. '돈이 돈을 번다'라는 말이 실감 나지 않는가? 현금 동원 능력이 거의 없던 나에게는 언감생심이지만 말이다.

아내는 급하게 돈을 구하기 위해 교원공제대출을 받았다. 당시,

나는 가용할 수 있는 현금이 없었다. 그나마 조금 자금에 여유가 생기면 사업하는 데 들어갈 정도로 회사 살림이 빠듯하게 돌아갔다. 좋은 투자처가 나왔을 때 급히 자금을 조달할 수 있다면, 큰 부자가 될 수 있다. 현금 동원 능력이 있는 부자는 기회가 많다.

현금 부자들의 투자 습관은 다음과 같다.

첫째, 부동산 전문가와 인적 네트워크가 있다. 한 번이라도 깔끔하게 중개한 공인중개사를 기억한다. 관심 있는 지역별로 거래하는 공인중개사를 정하고 주기적으로 연락한다. 시골 이장과 친분을 트고 시골 땅을 소개받기도 한다. 고급 정보를 얻기 위해 고수의 투자 모임에 회원으로 가입하지만, 회원들과 어울리며 정보를 공유하는 데는 소극적인 경우가 많다.

둘째, 최대한 싸게 살 수 있는 급매물을 노린다. 상속세를 피해 소유자 사망 직전에 나오는 급매물은 싼값에 살 수 있는 찬스다. 이민을 가거나 결혼으로 인한 급매물도 있다. 경매 들어가기 직전 매물도 있다. 가격이 오를 부동산을 찾는 것도 좋아하지만 싼 가격에 나오는 급매물을 낚는 것도 현금 부자들이 주로 쓰는 방법이다.

셋째, 미분양아파트를 노린다. 부동산 시장은 한번 상승세를 타면 거침없이 오르지만, 끝물이다 싶으면 사려는 사람들이 종적을 감추어버린다. 부동산 가격은 곤두박질치고 미분양이 넘쳐난다. 할인분양이나 중도금 무이자대출조건도 생긴다. 미분양을 해소하기 위한 정부의 부양책을 이용하기도 한다. 예를 들어, 주택 임대사업자 등록을 하고 미분양아파트를 사면 양도세 면제 혜택을 주겠다고 발표하면 현금 부자들이 달려든다. 그들은 이 기회를 놓치지 않는다. 한시적으로 특혜를 주는 정부 조치를 활용하는 데 능하다.

'부동산지인'이라는 애플리케이션이 있다. 특정 지역의 수요와 공급을 볼 수 있다. 연도별 공급량, 입주 물량은 물론, 빅데이터 정보를 볼 수 있는 유익한 사이트다. 부동산에 관한 좋은 앱을 활용하면서 공부하라. 인터넷 지도와 앱만 잘 활용해도 물건을 찾는 데 도움이 된다.

부동산 분야에서 전문가 행세하며 책 쓰고 강의하는 사람이 많다. 스스로 고수임을 자처하는 사람치고 진정한 고수는 드물다. 본인의 투자 성과를 부풀리고 떠벌리며 돈벌이하려는 사람들이 있다. 투자에 관한 인터넷 카페와 단톡방이 많다. 온라인으로 공부하는 모임이 늘어나고 있다. 유튜브나 줌 강의를 통해 숭배받는 사람도 있다. 돈을 벌어보려고 모임에 다니며 멘토를 찾는 사람이 많다. 전문가를 자처하는 사람 중에 자랑과 허풍으로 덧칠된 사람을 가려내야 한다.

여러분 모두가 좋은 멘토, 선한 영향력을 가진 고수를 만나기 바란다. 《탈무드》에서는 "나는 스승들에게서 많은 것을 배웠다. 그리고 벗 삼은 친구들에게서 더 많은 것을 배웠다. 후에 내 제자들에게서는 훨씬 더 많은 것을 배웠다"라고 말한다.

멘토를 통해 배우고 당신도 다른 사람을 돕는 이타적인 사람, 다른 사람의 멘토가 되길 바란다.

제**3**장

'좌충우돌' 다양한
투자 이야기

돈중독에
빠지다

나폴레온 힐(Napoleon Hill)의 《성공의 열쇠》에서 주인공 힐은 머나먼 무지개를 찾는다. 무지개 끝에 황금단지가 있을 것이라 믿는다. 20년간, 욕망을 좇으며 실패의 쓴맛을 보고 절망을 겪는다. 7번의 전환점을 돌아 빈털터리가 되었고, 그제야 무지개를 찾았다. 무지개의 끝에서 비로소 행복에 이르는 길, 황금률을 찾았다.

"대접받고 싶은 대로 남을 대접하라! 남이 내게 해주기 바라는 대로 남에게 해주라! 남들에게 받고 싶은 행동을 그들에게 행하라!" 이게 그의 황금률이다. 무지개 끝에 황금단지는 없었다.

하지만 그는 책을 쓰고 강연하라는 명령을 받았다고 한다. 책 쓰고 강연하는 삶이 남을 대접하는 황금률이고, 그의 무지개가 아닐까? 그는 "성공을 가져다주는 것은 재능이나 천재성, 행운, 인맥, 부도 아니다. 시작하면 무엇이든 끝내는 습관이다"라고 말했다. 서양 격언에 '게으름은 시간을 훔치는 도둑'이라는 말도 있다. 돈이 많은 것은 물론 건강, 인간관계, 편안한 마음 등 삶의 모든 면에서 풍요로운 사람이 되려면 끝까지 하는 습관을 키우고 게으름을 쫓아내야 한다.

부자가 되는 것에 목숨을 걸고 살면서 돈이 무엇보다 중요한 가치가 되었다. 이것이 '돈중독'이라면 언제부터 중독에 빠진 것일까? 아마 아버지의 죽음과 집안의 파산을 겪은 17살 때가 아닐까. 원 없이 돈을 벌고 싶었다. 집도 사고 장가도 가고 싶었다. 풍요롭게 살고 싶었다. 자식에게 가난을 대물림하고 싶지 않았다. 나와는 다르게 넉넉한 재산을 물려주고 싶었다. 빌딩을 소유하는 상상을 했다. 큰 회사의 사장으로 군림하며 살고 싶었다. 쓰고도 남아서 기부하며 과시하고 싶었다. 그렇게 마음속으로 돈을 탐하고 밝히는 '돈중독자'가 되었다.

인생의 많은 시간을 술에 빠져 살았다. 사람들과의 관계를 좋게 하는 술의 순기능을 잃어버렸다. 돈을 향한 탐욕과 집착하는 마음은 술을 부르는 원인이 되었다. 사기를 당해 억울하게 돈을 뺏겼을 때는 참을 수 없었다. 분노를 참지 못해 술에 기대어 그들을 저주했다. 남 때문에 이 모양 이 꼴이 되었다고 푸념했다. 돈을 벌어도 더 큰 부자와 비교하며 항상 부족함을 느꼈다. 탐욕만이 남았다. 술에 취해 무기력한 게으름뱅이에, 돈에 사기당해 불평만 가득한 돈중독자가 되어갔다.

사업하는 데 운이 좋은 편이었다. 좋은 스태프를 만났고 언제나 지지해주는 가족이 있었다. 발로 뛴 만큼 사업은 번창했고 수익이 났다. 사업 초기, 수익을 부동산에 투자하는 것보다 회사에 재투자하는 게 더 큰 이익으로 돌아왔다. 그러다가 연달아 사기를 당하게 되었다. 그동안 모은 돈을 잃기 전에 부동산이라도 남겨놔야 할 것 같았다. 아내 덕에 좋은 고수를 만났다. 투자는 성공적이었고 많은 수익이 났다.

술을 끊고 정상인의 삶을 되찾기 위해서는 다른 것에 대체중독 되는 것이 좋은 방법이다. 나는 글을 쓰는 삶을 택했다. 글을 쓰면 매슬로우(Maslow)의 욕구 5단계 중 상위단계에 도달한 것 같다는 생각이 든다. 즉, 삶의 만족도가 높아진다. 대체중독으로 글쓰기에 빠진 것은 천만다행이다. 부동산 투자자의 길도 계속 갈 것이다. 술에 취하지 않은 정신으로 투자하면 더 큰 성공을 이룰 것이다. 맹목적인 돈중독에서 빠져나올 것이다. 술에서 빠져나왔듯이 돈에 대한 집착을 놓을 것이다. 무리하지 않고 안전한 투자를 견지할 것이다.

무엇이든 온통 마음이 꽂혀 있는 상태를 '중독'이라고 한다. 술에 꽂히면 알코올중독이고, 게임에 꽂히면 게임중독이다. 내 생각이지만 모든 중독은 결핍에서 시작된다. 한탕을 노리는 도박중독도 돈의 결핍, 소유의 결핍이 자리하고 있다. 쇼핑중독도 갖지 못했던 과거의 결핍이 원인이다. 다른 중독도 마찬가지다.

내가 만든 말이지만, 돈중독은 다른 중독과 달리 질병은 아니다. 하지만 이것도 결핍을 느꼈던 과거가 있다. 돈이 없으면 친구도 떠나고 사람들이 무시할 거라는 강박에 사로잡힌다. 돈에 집착하는 데는 과거의 가난, 돈이 부족해 소유할 수 없었던 절망이 있었을 것이다. 돈을 벌어 과시하고 싶고 인정받고 싶은 욕망이 점점 더 돈에 빠져들게 한 것이 아닐까? '나는 이런 사람'이라는 아이덴티티를 내보일 만한 자랑거리가 모자라 돈에 꽂힌 것은 아닐까? 하지만 돈은 행복을 가져다주는 하나의 도구일 뿐이다. 돈이 전부가 될 수 없고 본질이 아니다. 그런데도 나는 변함없이 돈에 대한 욕망이 많다. 나는 속물인 것일까?

'경영의 신'이라 불리는 마쓰시다 고노스케(松下幸之助)는 "호황은 좋다. 하지만, 불황은 더더욱 좋다"라고 말했다. '호황이 되면 시작해야지' 하고 투자를 미루지 마라. '호황도 불황도 상관없이 아무 때나 시작하면 된다'라는 말이다. 재테크 투자는 합법적인 일이다. 돈에 중독되어 행복과 기쁨을 빼앗기는 정도가 아니라면, 돈은 많을수록 좋다. 돈을 눈덩이처럼 불려라. 혹시 돈의 결핍이 있다면 거기에서 벗어나기 바란다.

당당하게 투자자의 길로 들어서라. 투자 분야는 진입장벽이 없다. 누구나 쉽게 접근할 수 있다. 부자가 된 후에는 돈을 잘 관리하는 것이 중요하다. 번 돈의 일부는 안전자산으로 옮기고, 나머지는 재투자해서 부를 증식시켜야 한다. 버는 것도 어렵지만, 지키기는 더 어렵다. 매월 가계부 쓰듯 자산에서 부채를 뺀 순자산의 크기를 파악하고 현금의 흐름을 파악해야 한다.

02
투자의 첫걸음은
경·공매부터

'경매는 혼자 하면 어렵고 같이하면 어렵지 않다'라고 한다. 경매는 10번 입찰하면 9번은 패찰을 경험한다. 패찰하고 돌아오는 길은 쓸쓸하다. 서로 북돋아줄 동료가 필요한 이유다. 여러 번 경매에 참여하다 보면 지칠 줄 모르는 끈기와 동료가 필요하다는 것을 알게 된다.

경·공매는 만 19세 이상의 개인이나 법인은 누구나 할 수 있다. 주위를 살펴보면 경·공매로 돈 번 사람이 많다. 소액으로 투자할 물건이 전국에 산더미처럼 널려 있다. 경매는 일일이 해당 법원을 찾아다니며 입찰해야 하지만, 공매는 인터넷 애플리케이션으로 쉽게 할 수 있다. 소송도 인터넷으로 하는 세상이다. 재판을 영상으로 참가할 수도 있다. 경매도 인터넷 생중계로 할 수 있는 시대가 빨리 오길 기대해본다.

경매에서 권리분석을 하려면 등기부등본을 볼 줄 알아야 한다. 토지의 경우, 토지이용계획확인원이나 지적도도 살펴야 한다. 말소기준권리가 무엇인지 알아야 하고, 임차인의 권리를 알아야 한다. 주택 임대차보호법도 알아야 한다. 복잡하고 어려워 보이는가? 법원의 경매 정보나 네이버 경매 같은 무료사이트를 보아도 어느 정도 내용을 알 수 있다. 지지옥션, 옥션원, 스피드옥션 등 유료사이트도 있다. 권리 분석한 내용을 확인하고 물건만 고르면 된다.

초보자는 법정지상권, 유치권, 지분경매같이 제삼자와 얽힌 어려운 물건은 안 하면 된다. 책으로 공부하기 어렵다면, 학원에 다니거나 유튜브 강의를 들으라. 사례를 보면서 리스크를 피하는 방법을 익혀라.

사실, 경·공매에서 낙찰받는 것은 무척 쉽다. 다른 사람보다 입찰가만 높게 쓰면 된다. 하지만 매매로 살 수 있는 가격에 낙찰받는다면 경매를 활용할 이유가 없다. 분석하는 수고로움과 발품을 팔았으니 시가보다 싸게 사는 것이고, 이것이 경매의 매력적인 점이다. 경·공매로 낙찰받으면 대출을 이용하기 쉽다는 장점도 있다. 1주택이나 상업용 부동산의 경우, 감정가의 70%, 낙찰가의 80% 중 낮은 금액까지 대출이 되고, 2주택이면 감정가의 60%, 낙찰가의 80% 기준이 적용된다.

2016년부터 공매를 통해 몇 개의 부동산을 취득했다. 부암동 토지, 가평 임야, 원주 흥업면 자연녹지다. 한국자산관리공사의 '스마트 온비드' 앱을 통해 겁 없이 답사도 하지 않고 낙찰받았다. 경매 입찰에 직접 참여하기도 했다.

20년 전, 서대문구 응암동과 강서구 화곡동의 반지하 빌라 몇 채를 입찰한 경험이 있다. 전업으로 저렴한 빌라만 골라 경매를 하는 후배가 있었다. 후배가 술자리에서 경매 경험을 자랑하는 말을 듣고 홀딱 반해 나도 주말에 납사하고 응찰했으나 모두 패찰했다. 헐값에 낙찰받으려는 과한 욕심에 내 차지가 되지 않았다. 물건을 따져보고 고르는 과정은 재미있었지만, 패찰하고 돌아오는 길은 허탈했다. 본업이 아니고 사는 데 바쁘다 보니 경매에 대한 열정이 식고 말았다.

　2015년, 원주에 있는 창고 경매에 참여했으나 낙찰받지 못했다. 당시 무역회사를 운영하고 있었고, 캐나다에서 수입한 잼과 중국산 그릇을 보관할 창고가 필요했다. 2018년, 남양주시 오남읍에 있는 아파트에도 응찰했다. $84m^2$, 1층 아파트였다. 이 물건은 200만 원 차이로 패찰했다. 2억 원 미만에 살 수 있었고 도배하고 전세를 놓으면 갭 투자금 1,000만 원으로 소유권이전등기까지 가능한 물건이었다. 지금 시세는 3억 5,000만 원쯤이다.

　2022년에도 3번의 경매에 참여했다. 경매 학원 회원들과 함께 참여한 제주 오피스텔 2채, 회사 동료와 함께한 부산 서면의 오피스텔 3채, 평택의 숙박시설(오피스텔로 사용) 3채다. 모두 낙찰받지 못했다. 이 이야기는 뒤에서 자세히 쓸 예정이다. 결국 10번이 넘는 경매에 도전했지만 한 건도 낙찰받지 못했다. 공매로 토지 3건을 취득한 것이 전부다.

　코로나가 한창이던 2020년 여름, 수원에 있는 경매 학원에 다녔다. 경매에 대한 체계적인 지식이 필요하다는 생각이었다. 수요일 4시간씩 9주 과정이다. 회사 동료와 함께 원주에서 수원을 오갔다. 내가 다닌 경매 학원은 지방에 소재하지만, 우리나라 최고라고 자부한다. 연회원 600명이 카페에서 정보를 공유하고 있고, 수료자 중에 유명한 부동산 서적을 쓴 이들도 많다.

처음 학원에 갈 때는 누구나 잘 배워서 부자가 되겠다고 마음먹는다. 강의를 듣고 경매 사이트에서 물건을 찾는다. 하지만 밤잠을 설치면서 사이트를 뒤지는 뜨거운 열정은 오래가지 못한다. 10명 중 8~9명은 1년 이내에 자취를 감춘다. 몇 번 패찰하다 보면 재미가 없어지고 시들해지고 만다.

경매의 목적은 낙찰과 수익이다. 경매는 집념과 끈기가 필요하다. 집중력도 요구된다. 입찰금액을 얼마로 쓸 것인지 스스로 결정해야 한다. 10번 떨어지더라도 다시 도전하겠다는 독기가 있어야 한다. 끝을 보겠다는 마음만이 발품 파는 경매 판에서 살아남는 유일한 방법이다.

"이봐, 해봤어?", "무슨 일을 시작하든 된다는 확신 90%와 반드시 되게 할 수 있다는 자신감 10%를 가지라."이는 고(故) 정주영 회장이 남긴 말이다.

적은 돈으로도 경·공매에 뛰어들 수 있다. 경·공매에서 유의해야 할 사항을 정리해보자.

첫째, 답사가 필수다. 지역을 분석하고 물건을 확인해야 한다. 주인이 거주하는지, 세입자가 거주하는지, 그리고 선순위 임차인이 있는지, 임차인이 있다면 대항력은 있는지 확인해야 한다. 근저당권, 전세권, 압류, 가등기 등 권리상 하자를 살펴야 한다. 말소기준권리를 찾아내고 인수해야 하는 권리가 있는지 알아봐야 한다.

둘째, 감정가와 별개로 거래 시세를 확인하고 매매가 활발한지 알아보는 것이 좋다. 임장 시 여러 공인중개사에게 직접 물어봐야 한다.

셋째, 아파트 내부가 살기 좋은 구조인지 파악하는 것이 좋다.

넷째, 체납관리비가 있는지 확인해야 한다. 만약, 아파트가 아닌 상가라면 상권을 파악하고 배후지를 분석해야 한다. 유동 인구가 많은지, 즉 대단지 아파트가 있거나 오피스, 공장단지가 배후에 있는지가 중요하다. 오피스텔이라면, 교통이 무엇보다 중요하다. 주차공간이 확보되어 있는지도 중요한 검토사항이다. 개인적으로 나는 준공 15년이 넘은 노후 오피스텔은 거들떠보지 않는다.

다섯째, 토지를 입찰한다면, 입지여건 외에 근처에 혐오시설이 있는지, 지역의 발전 가능성(호재)을 꼼꼼히 따져봐야 한다.

경·공매는 일단 낙찰받으면 복불복이다. 입찰 결과를 되돌릴 수 없다. 일반 매매와 달리 명도에 대한 책임도 낙찰자가 진다. 점유자를 내보내는 것 또한 만만치 않다. 이사비를 쥐여주거나 이사 기간을 넉넉히 주는 배려가 필요하다. 여의치 않으면 강제 집행하는 방법이 있지만, 쌍방이 원만히 해결하는 것이 좋다. 정중하게 보내는 내용증명 1통이 10번의 통화보다 효과적인 경우가 많다.

지금은 고물가·고금리·고환율의 3고 시대다. 미국 인플레에 우리나라가 유탄을 맞고 신음하고 있다. 경·공매는 이런 때가 적기다. 경기침체로 부동산 투자에 대한 사람들의 심리가 부정적일 때가 최고의 호황인 것이다. 과거의 경기곡선을 보면, 평균 10년에 한 번 오는 기회가 지금이다.

03

오피스텔 투자의
유의점

경·공매와 함께 소액으로 투자할 수 있는 대표적인 투자가 오피스텔 투자다. 2022년 초까지 아파트청약 열풍은 뜨거웠다. 청약에 당첨될 확률이 떨어지자 너도나도 오피스텔 투자에 뛰어들었다. 그러다가 몇 달 전부터 경기도 비인기지역부터 아파트청약 미달 사태가 벌어졌다. 지방 미분양이 늘어나고 서울도 소규모 단지에 미계약사태가 속출했다.

청약 분위기를 바꾸는 가장 큰 요인은 사람들의 심리다. 심리가 얼어붙었다. 금리는 치솟고 물가, 환율까지 오르니 사람들이 살기 힘들다고 아우성이다. 주식도 부동산도 인기가 시들해졌다. KOSPI는 2년 만에 2,000포인트 언저리까지 하락했고, 부동산은 거래절벽이다. 이럴 때는 어떻게 해야 할까? 한숨만 쉬고 있어야 하나?

2022년 7월, 딸이 양주시 분양아파트에 당첨되었다. 한국부동산원 청약점수가 불과 17점이다. 수도권에서 당첨되기 힘든 점수다. 혹시나 하는 마음으로 청약을 계속해왔다. 아둔하게도 이 아파트청약을 내가 권유했다. 학군도 나쁘고 교통도 나쁘지만, 북한산이 보이고 내후년에 교외선이 개통되어 교통이 좋아진다는 호재만 봤다. 게다가 분양가가 착했다. 84㎡에 4억 6,000만 원이면 지방 소도시 분양가다. 그런데 결국 청약 미달이다. 황량한 벌판에 짓는 아파트라는 것을 나중에 알게 되었다. 근처에 묘지가 있다는 정보도 다른 사람의 블로그를 통해 알게 되었다. 아내는 싼게 비지떡이라며 불평이다. 딸도 당첨의 기쁨이 없다. 회사 동료들 누구도 축하해주지 않는다며 풀이 죽었다. 제대로 알아보지도 않고 덤빈 결과다. 결국, 계약을 포기했다. 10년 넘게 가지고 있던 청약통장이 무용지물되었다. 딸의 청약기회만 잃게 만들고 말았다. 투기과열지구 10년, 조정지역 7년, 비조정지역 1~5년간 청약이 제한된다.

2017년, 난생처음 오피스텔을 분양받았다. 강남구 역삼동 대로변이라 위치는 좋지만 75세대로 단지가 작다. 전용 26㎡ 원룸이다. 이 투자는 실패했다.

이유는 첫째, 복층 원룸이라는 것이다. 처음에는 사람들이 복층구조를 신기해했으나 곧 인기가 시들었다. 난방비가 많이 들고 상체를 숙이고 2층에서 생활하기 불편하다. 이렇다 보니 2층을 짐 보관하는 용도로 사용하는 사람이 많다. 복층 구조에 유의하기 바란다.

둘째, 호수가 너무 작다. 50호의 오피스텔과 25세대의 도시형생활주택 한 동이다. 사거리 대로변 요지라 할지라도 호수가 작아 잘 노출되지 않고 사람들 관심을 받지 못한다. 나 홀로 아파트가 주목받지 못하는 이유와 같다.

셋째, 입주 2년 전에 분양을 받은 점이다. 나중에 부동산을 공부하며 오피스텔은 분양 단계에서 사는 것이 아니라는 것을 알게 되었다. 오피스텔은 입주가 임박한 시점에 사야 한다. 미리 분양받으면 계약금, 중도금을 묵히게 된다. 입주 때가 되면 할인분양도 하고 무상 발코니 확장, 전자제품 무상지원 등 혜택이 있는 경우가 많다.

넷째, 기회비용 측면에서 투자 점수를 줄 수 없다. 임대사업자를 내서 대출 2억 원을 끼고 3억 9,000만 원에 분양받았다. 만약 대출을 제외한 1억 9,000만 원의 돈을 다른 부동산에 투자했다면 어땠을까? 이 오피스텔은 분양받은 이후 가격이 전혀 오르지 않고 있다. 월세 나오는 수익형 부동산이라는 점을 감안해 후하게 평가해도 80점 투자다.

주거용 오피스텔도 매입했다. 2021년에 광교에 있는 원룸 오피스텔을 매입했다. 전세 레버리지를 활용한 갭 투자다. $22m^2$ 원룸을 1억 4,500만 원에 샀고 1억 3,000만 원의 기존 전세를 이어받았다. 취득세와 셀프등기비용 700만 원을 합쳐 1억 5, 200만 원이 필요했고, 전세보증금 1억 3,000만 원을 빼면 실투자금 2,200만 원이 들어갔다. 2022년에 세입자가 이사를 가고 다른 세입자와 계약했다. 보증금 1억 5,000만 원에 월세 15만 원 조건이다.

오피스텔은 전세가가 오르면 매매가가 같이 오른다. 전세가가 매매가를 밀어 올리는 형국이다. 입지도 좋다. 건물 내에 아웃렛이 있고 건너편이 백화점이다. 옆 건물이 경기도청이다. 삼성전자 등 많은 회사의 출퇴근버스가 1층에 정차한다. 1인 세대 직장인 수요를 소화하기에 최적의 조건이다. 시세가 1억 8,000만 원쯤이니 1년 반 만에 24%가 올랐다. 이 투자는 150점짜리 투자다.

2022년 6월에 구리의 오피스텔을 매입했다. 미분양되었던 물건을 4년 전 분양가로 저렴하게 샀다. 31㎡의 분리형 1.5룸이고 택지개발지구다. 2023년에 별내역까지 8호선이 연장되고 향후 GTX-B 정차역으로 예정되어 있다. 별내역까지 도보 7분이지만 작은 하천을 건너야 한다는 단점이 있다. 1억 8,100만 원 분양가에 취득세를 합쳐 1억 8,900만 원이 투자되었다. 광교처럼 셀프등기했다. 1억 6,000만 원에 전세를 주었으니 실투자금은 2,900만 원이다. 이 투자의 투자 점수는 지금 가늠하기 어렵다. 부동산 경기가 가라앉는 상황이기에 지금 투자 점수를 매기는 것은 의미가 없다. 차분하게 두고 볼 일이다.

오피스텔은 상업용 부동산이므로 은행이 LTV(담보인정비율)를 적용할 때 유리하다. 대출 레버리지를 이용하기 쉽다는 말이다. 오피스텔 투자는 다음과 같은 점에 유의해야 한다.

첫째, 주거용인지 업무용인지 구별해야 한다. 업무용은 전입이 안 되고 월세에 부가세가 붙는다. 주거용은 주택 수에 포함되어 청약이나 다주택자 세금 등 불이익을 받을 수 있다. 전매가 가능한지도 따져봐야 한다. 임대사업자를 내는 것 또한 실익을 따져봐야 한다.

둘째, 오래된 오피스텔은 사지 않는 것이 좋다. '김사부'는 오피스텔 수명을 20년으로 본다. 10~15년이 될 때 매도하고 15년이 넘은 물건은 매입하지 말라고 한다.

셋째, 원룸은 이미 너무 많다. 원룸보다 희소성 있는 1.5룸 이상(투 룸, 쓰리 룸 포함) 오피스텔에 투자해야 수익이 날 가능성이 크다.

넷째, 가급적 택지개발지구 또는 대단지 아파트 내에 위치한 물건을 사야 한다. 역세권 입지를 갖춘 오피스텔도 좋다.

다섯째, 내부 구조가 아파트 평면처럼 생긴 것이 좋다. 2-Bay 구조에 햇볕이 잘 드는지 채광을 살펴야 한다.

오피스텔 투자는 소액으로 하기 좋다. 레버리지를 이용해 시세 차익형으로 보유하다 팔 것인지, 수익형 부동산으로 또박또박 받는 임대수익을 꾀할 것인지 분명히 정하고 투자에 임하는 게 좋다. 적은 돈으로 오피스텔 투자를 거쳐 목돈을 모아 아파트로 갈아타라고 권하고 싶다.

요즘 같은 상황에서는 투자 수익을 내기가 어렵다. 부동산으로 돈 버는 것은 시장이 벌어주는 것이다. 그런데 금리가 오르니 부동산 거래가 절벽이다. 얼마 전, 서울대 김경민 교수는 서울 집값이 4년 전 가격까지 떨어질 것이라고 예측했다. 나는 믿지 않지만, 이런 보도가 사람들 심리를 위축시키고 실제로 거래량에 영향을 끼친다.

금리가 오르면 예금도 늘고 대출 이자 수입도 늘어난다. 자연히 돈이 은행으로 몰린다. 물가가 오르면 이윤이 기업으로 들어간다. 유동성이 국가, 은행, 기업으로 흘러 들어가 시중에 돈이 줄어든다는 것은 사람들 살림살이가 팍팍해진다는 것이다.

지금은 고요한 부동산 시장이다. 정중동(靜中動)의 자세로 공부하고 있으라. 곧 경기는 회복할 것이다. 경기는 순환하기 때문이다. IMF 금융위기도 2년 만에 이겨낸 나라가 우리나라다. 시장 살피기를 게을리하지 마라. 매수 타이밍이 다가오고 있다. 타이밍을 잡는다면 당신은 높이 비상할 수 있다.

P를 주고라도
꼭 사야 하나요?

부동산 가격에 영향을 미치는 요인은 무엇인가?

첫째, 경제 상황이다. 요즘 경기침체가 계속되고 3고 현상으로 모든 지표가 좋지 않다. 금융위기에 버금갈 수준이다. 매수를 검토한다면 신중해야 한다.

둘째, 부동산 정책이다. 정부는 물가상승률만큼 부동산 가격이 오르기를 바란다. 규제와 부양책을 통해 안정을 꾀한다. 과열되는 것도 침체도 원하지 않지만, 시장이 정부 뜻대로 움직이지는 않는다.

셋째, 수요와 공급이다. 수요와 공급량에 의해 부동산 가격이 오르내리는 것은 기본적인 경제원리다.

넷째, 사람 심리다. 가격이 오르면 다들 사겠다고 달려들지만 떨어질 때는 헐값에도 안 사는 게 사람 심리다. 요즘, 사람들 심리는 얼어붙었고 확실한 하락기다.

부동산에서 프리미엄이란, 전매 시 붙이는 웃돈을 말한다. 얼마 전까지만 해도 청약에 당첨되기가 하늘의 별 따기였다. 하염없이 당첨을 기다리지 않고 집을 사는 사람이 더 많았다. 전매가 허용되는 비조정지역 분양권과 재개발·재건축 입주권에 웃돈이 붙어 거래된다. P를 주고라도 사서 기다리면 수익을 볼 가능성이 컸다.

갭 투자 시 '무피 투자, 플피 투자'라는 말이 있다. 무피 투자는 전세보증금이나 대출금이 매입가와 같아 돈을 들이지 않고도 살 수 있는 경우를 말한다. 플피 투자는 레버리지가 더 커서 매입하고도 오히려 돈이 남는 경우다.

요즘 새로 생긴 신조어도 있다. '손피'라는 말이다. 손피란, 분양권 매도자가 실제로 손에 쥐게 되는 프리미엄을 말한다. 분양권을 전매하면 매도자에게 양도세가 부과된다. 2021년 6월 강화된 규정을 보면, 1년 미만 양도 시 77%(지방세 포함), 1년이 지나면 66%이다. 이를 1차 양도세라고 한다. 손피를 1억 원, 중개수수료 100만 원, 1년 이내 매도했다는 가정하에 양도세를 계산해보자. 1억 원 - (중개수수료 100만 원) - (인적공제 250만 원) = 9,650만 원 × 77% = 7,431만 원이 1차 양도세다.

매수인이 세금을 대신 내주니 매도인 입장에서는 공짜로 7,431만 원의 이득이 생긴 셈이다. 그 이득에 대해서도 다시 7,431만 × 77% = 5,721만 원의 세금이 발생한다. 2차 양도세다. 손피 1억 원 조건은 매도자에게 1억 원을 손에 쥐여주는 것이다. 그리고 매도인 세금 7,431만 원과 5,721만 원을 합한 1억 3,152만 원을 대신 납부해야 한다. 결국, 손피 1억 원 조건은 2억 3,100만 원이 넘는 자금이 들어가게 된다. 양도세 계산 시 인적공제는 1년에 한 번만 250만 원을 인정한다.

얼마 전, 현 정부는 양도세 완화대책을 발표했다. 입주권과 분양권 1년 미만 세율 70%(지방세 7% 별도)를 45%로, 1~2년의 경우 60%를 전면폐지한다는 것이다. 환영할 만한 일이지만, 2024년 이후 양도분부터 적용된다. 그리고 조정지역 다주택자의 경우에는 기본세율 외에 중과하던 세금을 2024년 5월 9일까지 한시적으로 적용하지 않는다. 2017년, 2020년 두 번에 걸쳐 전 정권이 왜곡시킨 세제를 바로잡는 것이다. 원위치하는 것을 왜 한시적으로 하는지 모르겠다. 현 정부의 꿍꿍이가 무엇인지 궁금하다.

나도 프리미엄을 주고 입주권을 매수했다. 앞서 이야기했지만, 이문재개발 입주권을 P 1억 6,000만 원을 주고 샀고, 안산 선부동 아파트 입주권을 P 3,500만 원, 인천 산곡 재개발 입주권을 P 1억 1,000만 원을 주었다. 고덕동 아파트 보류지 입찰을 할 때 P 9,000만 원을 납입했으나 낙찰받지 못했다. 내 경우에는 프리미엄을 주고 매입한 입주권에서 돈을 벌었다. 보류지도 낙찰받았다면 큰 수익을 거두었을 것이다. 프리미엄은 버리는 돈이 아니다.

낙후된 지역을 재개발할 때 최초의 조합원(일명, 원주민이라고 불린다)은 가난한 사람이 많다. 10년이 넘게 걸리는 재개발을 끝까지 기다리지 않는 사람이 많다. 웃돈인 P를 받고 이사 가는 것이다. 이 틈새를 투자자들이 노리고 들어간다. 여윳돈이 있어 입주권에 묻어둔다면, 충분히 수익이 나는 게임이다. 나는 이문아파트 P 1억 6,000만 원이 4년이 지나 P 8억 원으로, 산곡아파트 P 1억 1,000만 원이 2년이 지나 P 4억 원이 되었다. 선부동아파트는 입주해서 아파트값이 2배로 올랐으니 프리미엄의 효과를 실현한 셈이다. 이문 입주권을 나에게 판 할머니는 남양주 구축 5층 아파트를 매수해 이사했다. 재개발하는 경우, 가난한 원주민은 변두리로 이주하고, P를 주고 산 새로운 조합원이 입주하게 되는 경우가 흔하게 발생한다.

부동산 경기가 바닥이다 보니 진행 중인 대부분의 재개발·재건축 프리미엄 가격이 20% 이상 하락했다. 1만 2,000세대, 국내 최대단지인 둔촌주공 재건축아파트는 건축비 상승으로 시공사와 조합 간에 다툼이 생겼다. 공정률 52%에서 공사가 중단되었다. 결국은 조합원 1인당 1~2억 원씩의 추가 분담금 증액이 예상된다. 마지막에 프리미엄을 주고 조합원이 된 사람은 손해가 날 수도 있다. 신중한 선택이 필요한 이유다. 국토교통부가 고시한 기준단가를 보면 철근이 전년 대비 22%, 시멘트가 32% 올랐다. 인건비도 20%가 올랐다. 이런 여건에서 시공사의 수익이 날지 궁금하다.

부동산 경기가 좋지 않으니 P도 내려갔다. 청약 열풍은 식었고 공급 예정된 아파트는 많다. 건축비가 올라 건설사 마진은 줄고 새로 짓는 아파트 분양가는 올라간다. PF(Project Financing) 대출 자금줄이 막힌 건설사 도산이 예상된다는 뉴스가 흘러나온다. 금리가 천정부지로 오르니 대출을 이용한 투자자, 특히 영끌족의 시름이 깊다. 견디다 못한 급매물이 나오고 있다. 부동산 시장의 미래는 안갯속이다. 많은 변수가 있어 누구도 예단하기 어렵다.

개인적인 의견임을 밝힌다. 2023년 여름쯤을 경기 회복의 반등 시기로 본다. 미국의 자국 이기주의는 정도를 넘어섰다. 자기 나라 인플레를 못사는 나라, 힘없는 나라에 전가하고 있다. 금리와 환율, 물가가 안정되면 부동산은 다시 오를 것이다. 최소한 이미 오른 물가상승분만큼은 부동산 가격이 오를 여지가 있다. 정부는 공약대로 양도세와 취득세율을 원위치할 것이다. 주택 임대사업자 특례도 되돌릴 것이다.

1년이 지나면 총선이다. 1기 신도시 재건축이 이슈가 될 것이고 경기를 부양해 유권자의 마음을 사로잡으려 할 것이다. 지금은 여건이 좋지 않지만, 곧 어두운 터널을 벗어나게 될 것이다. 부동산을 공부하면서 돈을 비축해 투자 시기를 기다려야 한다.

"시간을 가져라, 그러나 행동할 때가 오면 생각을 멈추고 뛰어들어라."

나폴레옹(Napoléon Bonaparte)의 말이다.

'오세훈' 표 정비사업 –
신통기획, 모아주택

친구 중 한 명이 3년 뒤 1억 원을 받을 수 있는 정기예금에 가입했다. 9,000만 원을 넣으면 3년 뒤에 이자소득세를 제하고도 1억 원이 나온다며 얼굴에 화색이 돈다. 요즘 금리가 올라 특판 상품이 많다. 복리이율 4.5%, 3년 만기, 9,000만 원으로 계산해보자. 9,000만 원×104.5%=9,405만 원×104.5%=9,828만 원×104.5%=1억 270만 원이고, 이자소득 1,270만 원의 15.4%(이자소득세와 농특세) 세금을 공제하면 실수령액 1억 74만 원이 나온다. 이사이 물가상승률이 4.5%였다면 친구는 돈을 번 게 아니고 지킨 것이다. 요즘처럼 물가가 6% 오르면 오히려 손해 본 것이다.

구매력이라는 용어가 있다. 화폐 1단위로 교환할 수 있는 재화의 양이라고 정의한다. 이는 물가지수의 역수로 나타난다. 물가가 오르면 같은 돈으로 살 수 있는 구매력이 감소하고, 물가가 내리면 구매력은 증가한다. 물가상승률이 4%라고 가정하고 구매력을 살펴보자. 돈 1,000만 원의 구매력은 1년 뒤 962만 원, 5년 뒤 822만 원, 10년 뒤 676만 원이 된다.

오랫동안 부동산 가격은 지속적으로 올랐다. 부동산 가격이 오른 것일까? 역설적이지만 물가가 오른 것이고 화폐가치가 떨어진 것이다. 구매력도 감소한 것이다. 금고에 넣어둔 돈은 잠자는 돈이다. 잠자는 동안 화폐가치는 떨어지고 구매력도 줄어든다. 금고 속에 있는 쥐가 쉬지 않고 갉아먹는 꼴이다. 돈도 일하게 해야 하고 움직이도록 해야 한다.

나는 부동산 투자를 다른 투자보다 철석같이 신봉하는 편이다. 가장 관심을 두는 분야는 재개발 입주권 투자다. 자신 있는 분야이기도 하다. 2022년 6월, 오세훈 시장이 당선되었다. 부동산 가격 폭등을 막지 못한 전 정권이 뭇매를 맞자 부동산 문제를 해결하는 것이 정치 이슈가 되었다. 노후한 연립주택, 다세대주택을 철거 없이 정비하는 기존의 '가로주택정비사업'으로는 참신한 정치인 이미지를 심을 수 없었다. 오 시장은 2가지 대책을 발표했다. 신속통합기획(일명, 신통기획)과 모아주택을 통해 공급을 늘리면서 노후된 지역을 정비한다는 것이다.

신통기획은 신속하고 통합적으로 추진한다는 뜻이다. 서울시가 정비계획을 수립하는 단계부터 참여해 심의 기간을 대폭 단축해준다. 민간정비사업이지만, 공공기관이 서포터가 되어 사업기간을 5년에서 2년으로 줄이는 사업이다. 이런 정비사업은 성공사례가 없다. 새로 시도하는 일이다. 토지 소유자 30%의 동의를 받아야 한다. 신통기획은 입주권이 나온다. 단, 투기를 막기 위해 조합이 설립되고 나면 입주권을 양도할 수 없다.

또한, 권리산정기준일 이후에 전입해서 가구 수가 증가된 경우 조합원 자격이 제한된다. 1차 공모를 통해 21곳이 후보지로 지정되었고, 추가적으로 2차 공모를 받아 12월 말에 발표되었다. 19개 자치구의 25개 지역이 추가로 지정되었다. 독자 여러분은 건축허가 제한지역 및 토지거래허가구역으로 묶인 곳에 주목하라. 2022년 8월, 침수 피해를 크게 입은 반지하주택 밀집지역도 주목하라. 정책이 성공해 사람들에게 쾌적한 주택을 제공하는 사업이 되었으면 좋겠다.

비행기가 착륙을 위해 고도를 낮출 때, 내려다보이는 서울의 옥상 모습은 그다지 아름답지 않다. 유럽의 도시 같은 아름다운 색채가 없다. 주택과 골목을 정비하고 가꾸어 아름다운 도시, 쾌적한 도시 서울로 재탄생하길 바라본다. 부동산 경기가 좋지 않아도 틈새시장을 찾아 투자를 계속하는 사람들이 있다. 그들은 요즘 경매뿐만 아니라 신통기획 후보지를 주목하지 않을까 싶다. 조합설립인가까지는 입주권을 살 수 있기 때문이다.

대규모 재개발이 어려운 작은 것들을 모아 재개발을 추진하는 모아주택도 있다. 노후 저층 주거지를 묶어 지하주차장을 만들고 녹지를 조성해서 중층아파트로 공급, 정비하는 방식이다.

모아주택의 장점을 살펴보면 첫째, 10년 이상 걸리는 재개발에 비해 6년으로 단축할 수 있다는 이점이 있다. 둘째, 노후도 심사기준이 낮다. 50%만 넘으면 된다. 셋째, 1, 2종 주거지역을 2, 3종 주거지역으로 상향해 높게 지을 수 있도록 해준다. 7~10층을 지을 수 있던 것을 15층까지 지을 수 있게 해준다.

물론 단점도 있다. 도로를 정비하는 것은 아니므로 개발 규모가 작아 한계가 있을 수밖에 없다. 입주권도 없다. 모아주택은 여러 필지를 모아 1,500m^2만 넘으면 된다. 모아주택도 민간사업이다. 지역민이 직접 계획을 구상하고 시의 심의요건을 통과해야 한다. 만약, 서울에서 신통기획, 모아주택 사업이 성공하면 수도권지역과 광역시로 번져나갈 것이다. 지방도시 도심공동화를 해소하는 데 족집게 대안이 될 수도 있다.

지금은 투자하기에 여건이 좋지 않다. 금리가 올라 대출을 활용하는 게 부담된다. 전세대출 금리도 올라 전세 레버리지도 이용하기 어렵다. 부동산의 침체가 계속되면 정부는 부양책을 쓸 것이다. 취득세와 양도세를 낮춰주고, 대출한도를 높여 부동산 진입장벽을 낮출 것이다. 최근에는 갭 투자를 하는 사람들이 줄어들었다. 갭 투자에서 경매로 눈을 돌린 투자자들이 많다고 한다.

당신이 종잣돈을 마련한 초보 투자자라면 적은 돈으로도 할 수 있는 경·공매나 1.5룸 오피스텔 투자에 나서야 한다. 경기가 나빠도 틈새시장은 있다. 조금 큰 금액의 쌈짓돈이 있다면 최근 프리미엄이 내려간 재개발 입주권을 사라고 권하고 싶다. 입지를 보고 (역세권, 학군, 주변에 추진하는 재개발이 많아 지역 일대가 새롭게 세팅되는 지역) 세대수가 많은 단지를 골라야 한다. 적어도 사업시행인가가 나 있는 것을 투자하라고 말하고 싶다. '청약홈'이나 'LH청약센터'를 이용한 청약도 게을리하지 말아야 한다. 하늘의 별 따기라던 청약경쟁률이 대폭 떨어졌다. 누군가에게는 당첨 기회이고 행운을 잡을 기회가 될 것이다.

《시크릿》의 저자 하브 에커(T.Harv Eker)는 "어떤 식으로든 다른 사람들이 가진 것을 비난하면 절대 그것을 가질 수 없다. 부자를 축복하고 사랑하는 훈련을 하라. 그것이 무의식에 배어들면 당신이 부자가 되었을 때 다른 사람들도 당신에게 감탄하고 축복하고 사랑할 것이다"라고 말했다.

경기가 최악일지라도 당신 꿈을 실현해줄 '틈새시장'과 '틈새물건'은 반드시 남아 있다. 저렴하게 살 수 있는 경·공매부터 시작하라.

06
헛수고 경매 물건,
발품만 팔다

'제3의 법칙'이라는 실험법칙이 있다. 신호등이 바뀌었는데도 한 사람이 건너지 않고 한 지점을 올려다본다. 다른 사람, 그리고 또 다른 사람도 똑같이 그곳을 주시한다. 급기야 여러 사람 모두가 그곳을 보게 된다. 이를 '군중심리의 법칙'이라고 한다. 부동산 투자로 한 사람이 수익을 보고 두 번째, 그리고 세 번째 사람까지 수익이 나면 너도나도 뛰어든다. 다른 사람은 수익을 보는데 자기만 손해 보는 것 같은 억울한 마음에 달려드는 것이다. 몇 달 전까지만 해도 부동산 시장은 제3의 법칙처럼 사람들이 동요하는 상태였다. 코로나의 어려움 속에서도 부동산 가격은 폭등했다. 정부에서 28번이나 대책을 내놓아도 오름세를 진정시킬 수 없었다.

그러나 그 열기는 단숨에 차갑게 식었다. 정부 정책 때문이 아니다. 공급이 늘어서도 아니다. 정권이 바뀌어서도 아니다. 러시아와 우크라이나 간 전쟁이 터졌다. 곡물값이 오르더니 원자재, 석유값이 오르고 글로벌 인플레가 닥쳤다. 미국은 자기 나라 물가 잡겠다고 금리를 올렸다. 미국의 영향력은 실로 엄청나다. 전 세계가 인플레와 경기침체의 늪에 빠졌다. G2 중국마저 위안화의 가치가 속절없이 떨어졌다. 지금 우리나라는 3고 현상에 시달리고 있다. 부동산을 소유한 사람들은 높은 이자에 허덕이고 있다. 매물을 내놓아도 수요가 없다. 전 정부가 그렇게 노력해도 잡을 수 없었던 집값이 저절로 내려가고 있다.

경매 투자를 하면서 낙찰받지 못하고 패찰한 경험이 많다. 차라리 패찰한 것은 낫다. 입찰가격을 낮게 써서 많이 적어 낸 사람이 차지한 것이니까. 그러나 경매를 위해 먼 길을 갔다가 입찰하지도 못하고 낭패를 봤던 적이 있다. 2022년 6월의 일이다. 부산 법원에 오피스텔 경매 물건이 대거 나왔다. 4차 입찰로 감정가 대비 51%까지 떨어졌고 치열한 경쟁이 예상되었다. 102개의 호실이 최초 경매에 나와 3차 경매에서 46호실이 낙찰되었다. 이번 4차 경매에는 나머지 56호실에 대해 입찰을 했다.

대규모로 경매에 나온 사연이 있다. MBC의 〈구해줘 홈즈〉라는 프로그램이 있다. 이 예능 프로그램에 출연해 이 오피스텔이 살기 좋은 곳이라고 소개한 공인중개사가 사기를 친 것이다. 공인중개사가 3개 호실을 빼고 모든 계약을 전세로 세 놓았다. 희대의 사기꾼 공인중개사는 세입자들 전세보증금 70억 원을 들고 야반도주했다. 이미 자산 유동화 회사에서 대출받아 근저당 설정된 물건이었다. 사기꾼 공인중개사는 "내가 서면 일대에 자산이 많으니 믿어도 된다. 이 정도 건물에 그 정도 근저당 없는 경우가 없다"
라고 세입자들을 속였다. "부동산 일을 하면서 신뢰를 얻으니 방
송국에서 출연해달라고 요청이 와서 방송에 나간 거다. 나만 믿고
계약하면 된다"라는 입에 발린 말로 젊은 세입자들을 속였다. 안
타까운 일이지만 많은 피해자가 생겼다.

경매 학원 수강 동기인 회사 동료와 이 오피스텔 경매에 입찰하
기로 결정했다. 좋은 층, 남향으로 3개 호를 입찰하기로 했다. 동
료도 3개 호에 입찰했다. 새벽 5시 40분, 둘이 원주를 출발했다.
10시 입찰이라서 고속도로 휴게소에서 간단히 아침을 먹고 부지
런히 달려 9시 30분에 법원에 도착했다. 그런데 경매 법정에 들어
간 순간, 벽에 붙어 있는 안내문을 보고 멘탈이 무너졌다. 8월로
입찰기일이 연기된 것이다. 어제 오후 4시쯤 법원 사이트에 들어
가 마지막 확인을 했을 때도 아무런 문제가 없었다. 채권자인 유
동화회사와 세입자들(대책위원)이 합의를 보려고 연기 요청한 것
이다. 새벽부터 부지런히 움직였던 노력이 허사가 되었다. 오가
는 비용도 아깝지만 허탈했고 부풀었던 마음은 김이 새고 말았다.

경매는 개시되기 전이라면 언제라도 취하될 수도, 연기될 수도
있다. 이 경매는 연기 이후 결국 8월에 재입찰했고 모두 낙찰되
었다. 대부분의 세입자가 확정일자조차 받지 않았다. 대항력이 없
는 것이다. 7,000만 원에서 1억 원씩 보증금을 날린 세입자들은
단체농성을 하고 있다. 그러나 이미 소유권은 낙찰자에게 넘어갔
다. 낙찰자들과 합의한다고 해봤자 소액의 위로금과 이사비를 받
는 게 전부일 것이다. 젊은 세입자들은 억울하지만, 사기꾼의 술

수에 속은 것이다. 전세보증금 보증보험에 들어 있다면 구제를 받을 수도 있을 것이다. 사기 치기로 작정한 능구렁이에게 당한 풋내기 임차인들은 빚더미에 올랐다. 대부분이 전세자금 대출을 받았을 것이기 때문이다.

요즘 깡통전세가 속출하고 있다. 집값이 전세가보다 떨어져 집주인이 세입자에게 보증금을 돌려주지 못하는 경우를 깡통전세라고 한다.

전세계약을 할 때 주의해야 할 점을 살펴보자.
첫째, 전입신고 시점이다. 전입은 계약서만 있어도 가능하다. 미리 전입신고를 하는 것이 좋다.
둘째, 확정일자를 받아야 한다. 동사무소에서 쉽게 받을 수 있다.
셋째, 공인중개사를 통해 계약하는 것이 좋지만, 당사자 간에 계약을 체결하는 경우, 표준임대차계약서를 쓰는 것이 확실하다. 양식은 인터넷에서 다운받으면 된다.
넷째, 근저당권이나 가압류, 가등기 설정 여부를 살펴야 한다. 은행의 선순위 채권이 근저당 설정된 경우 집의 공시가격이나 시세를 감안해서 전세보증금 채권이 안전한 범주에 있는 것인지 따져봐야 한다. 세금체납 등 가압류가 있거나 가등기 설정되어 집주인이 바뀔 수 있는 물건은 피하는 게 좋다.
다섯째, 전세보증금은 반드시 소유주 명의의 계좌로 송금해야 한다.

경매는 소액으로도 투자할 수 있는 좋은 투자법이다. 시세보다 싼 가격에 살 수 있다는 이점도 있다. 그렇지만 낙찰받은 후에 점유자를 내보내야 하고 여의치 않으면 강제 집행을 해야 한다. 경매는 용어부터 생소하다. 네이버 경매나 유료 사이트를 활용하라. 낙찰받아도 문제가 없는지, 낙찰 후 명도에 어려움은 없는지 알아보고 덤벼야 한다. 경매를 통해 낙찰받은 경우, 점유자와 실랑이가 있을 수 있다. 싸게 부동산을 얻으려 시작한 경매이니 이 정도 고비는 넘어야 한다.

《시크릿》의 저자 하브 에커는 부자와 가난한 사람의 사고방식 차이를 몇 가지로 구별한다. 예를 들어본다.

"부자는 돈을 벌려고 머니게임을 한다. 가난한 사람은 손해를 보지 않으려고 머니게임을 한다."

"부자는 부자가 되기 위해 집중하고 헌신한다. 가난한 사람은 부자 되기를 바라기만 한다."

"부자를 미워하는 것은 무일푼 상태가 되는 제일 확실한 방법이다."

당신이 적은 돈으로 투자를 하려고 한다면 경매를 통해 기회를 얻으라고 권하고 싶다. 싼 가격에 알토란 같은 부동산을 만나라! 투자 기회를 만들어야 부자가 될 수 있다. 가난한 사람은 '이 정도만 있다면 좋을 텐데…'라고 꿈꾸지만, 부자는 명확한 목표액과 달성 시기를 정하고 집중한다. 부자는 단돈 만 원도 투자의 씨앗으로 본다. 열정과 목표를 세우고 매진한다면, 경매는 당신이 부자가 되는 지름길이 되어줄 것이다.

핫플레이스
상가 투자

좋은 상가를 경매로 찾기는 어렵다. 상가가 경매에 나올 정도면 공실이 오래되었을 가능성이 크다. 경매 진행 기간 동안 임대료와 관리비가 연체되었을 가능성도 있다.

상가 투자의 걸림돌은 공실과 임대료 연체다. 반면, 상가 투자의 장점도 있다. 꾸준히 월세 수익이 나온다는 것과 주택 시장 경기와 무관하다는 것이다. '2022 KB부동산 보고서'에 따르면, 고액자산가가 선호하는 부동산으로 상가가 1위(38%)를 차지했다. 아파트 선호도는 20%로 계속 떨어지고 있다. 매매가와 감정가 중 낮은 금액의 최대 80%까지 대출이 나온다는 점도 상가 투자의 장점이다.

상가는 수익형 부동산이다. 주거용은 도배, 보일러, 수리비 청구 등 신경 써야 할 부분이 많지만, 상가는 임차인이 직접 인테리어를 하고 웬만한 수리도 관리사무소가 해결해준다. 물론, 빌딩의 건물관리는 건물주의 몫이다.

나는 실전 투자자이지 전문가가 아니라고 밝혔다. 하지만 부동산 투자에 관한 책을 꾸준히 읽어왔고, 고수를 통해 많은 가르침을 받았다. 책과 고수의 상가 투자 의견을 종합해보면, 다음과 같다.

첫째, 10억 원 미만의 작은 상가를 찾아야 한다. 택지개발지구의 1층 분양가가 이 정도다.

둘째, 인구 50만을 넘는 중견도시의 택지개발지구를 골라야 한다.

셋째, 1층 상가로 안정된 월세 수익을 올리고 공실 가능성을 최소화해야 한다. 매각할 때도 1층이 유리하다. 부득이 2층 이상 상가를 매입한다면 어떤 업종인지 파악해야 한다. 의원, 학원, 교습소, 세탁업은 1층이 아니어도 상관이 없다.

상가를 매입할 때는 임대료를 유추해봐야 한다. 주변 시세를 보고 월세를 정해야 한다. 월세를 근거로 상가의 가격을 가늠할 수도 있다. 금리 상황에 따라 다르지만, 고수 한 분은 월 임대료의 250배를 상가의 적정가격으로 본다.

예를 들어, 보증금 3,000만 원에 월 200만 원이라면, 3,000만의 5%인 150만 원을 12개월로 나눈 값 125,000원과 월세 200만 원을 합쳐 2,125,000원에 250을 곱해서 나온 5억 3,000만 원이 상가의 적정가격이라는 것이다. 요즘, 금리가 올라 250배수의 적용이 합리적인지 단정하기 어렵다. 신축 상가를 분양받는 것도 유의해야 한다. 신도시나 택지개발지구의 경우, 상권이 형성되고 공실이 소진되려면 최소 3~5년이 걸린다. 공실이 소진되는지 살피면서 천천히 매수에 나서길 바란다.

앞에서 2016년에 상봉동 미분양상가 분양과 원주 무실택지 상가를 분양받은 이야기를 했다. 앞서 언급한 유의사항을 살피지 않고 무턱대고 분양받았다. 다행히 상봉동 상가는 할인분양가에 인수했고, 기존 임차인을 승계받았다. 6년이 지난 지금도 계속 임차하고 있으며, 대기업이라 임대료에 속 썩을 일이 없다. 원주 상가도 6개 호실(4개 호로 개조) 모두 임대가 잘된다. 원주 최고의 핫플레이스에 있기 때문이다.

두 투자를 통해 얻은 노하우가 있다.

첫째, 최악의 상황, 공실을 염두에 두어야 한다는 것이다. 운이 좋았기에 망정이지 입지마저 나빠 공실이 되었다면 어땠을까? 상봉동 상가는 평당 관리비가 만 원이 넘는다. 400평이니 월 500만 원 가까이 나올 것이다. 공실이 되면 임대인이 관리비를 고스란히 부담해야 한다. 원주 상가는 평당 관리비가 3,000원이다. 계약면적이 310평이니 월 90만 원 선이다.

둘째, 분양조건을 꼼꼼히 살펴야 한다. 공인중개사와 시행사의 권유에 쉽게 넘어갔다. 온갖 좋은 말로 꼬드기는 데에 취해버렸다. 이 정도는 살 만한 부자라고 거들먹거리는 마음도 있었다. 원주는 2개 호실만 사려고 하다가 과시하는 마음에 한 층 전부를 사고 말았다.

셋째, 대출을 활용할 때 금리 변수를 감안해야 한다는 것이다. 두 지역의 상가를 살 때, 17억 원의 대출을 받았다. 신용과 LTV를 따져서 3% 정도의 이자가 적용되었다. 월 300만 원씩 두 군데 600만 원의 원금을 갚으며 이자를 감당해왔다. 최근 금리 인상으로 대출이자가 늘어났다. 2건 대출에 340만 원 내던 이자가 몇 달 사이 500만 원이 넘어가게 되었다. 원금상환 600만 원을 합쳐 매달 1,100만 원이 넘는 돈을 원리금 상환해야 한다.

최근에 대출은행을 바꾸었다. 이자가 조금이라도 낮은 은행으로 갈아탄 것이다. 이율이 오른다고 임대료를 바로 올릴 수 없다. 오래 사용하고 있는 임차인에게 야박하게 대하기도 어렵다. 그동안 600만 원씩 꾸준히 갚아 이번 전환대출금은 12억 원대다. 인천에도 1층 상가가 있지만 상가 투자 목적이 아닌, 재개발 입주권을 받으려고 투자한 물건이다. 다행히 운이 좋았지만, 나처럼 막무가내로 투자하면 낭패를 볼 수 있다. 요행을 바라면 안 된다.

중소벤처기업부에 '소상공인마당'이라는 사이트가 있다. 빅데이터를 활용한 상권 입지를 분석할 수 있다. 상가를 살 때, 입지와 상권을 분석해야 한다. 일정 시간 동안 지나가는 사람의 수를 직접 세보는 것도 좋다. 상가에는 권리금이라는 관행이 있다. 가치를 평가할 수 없는 단골손님 확보나 입지, 인지도, 장사 노하우에 따른 대가라고 볼 수 있다. 세입자끼리 해결해야 할 문제지만 자기 상가의 권리금이 어느 정도인지 파악해두는 게 좋다. 경매로 상가를 취득할 때는 권리금을 인수하지 않는다. 권리금은 법으로 보호받지 못하기 때문이다.

입지도 중요하지만, 임차인의 수완도 콘텐츠가 된다. 망해가는 점포를 인기 있는 상가로 탈바꿈시키는 능력 있는 사장도 있다. 대기업이나 블루칩 트렌드 업종이 입주하면 금상첨화다. 스타벅스가 들어선 주변을 '스세권'이라고 한다. 안정된 수익형 부동산이 될 뿐만 아니라 시세차익형 부동산으로 부상할 수도 있다. 장사가 잘되면 입주해 있는 세입자에게 매수를 권해도 된다. 임대수익률 연 6~8%가 대세이지만 5% 미만도 있다. 요즘처럼 금리가 올라서 임대수익률 5%는 대출이자를 갚으면 수익을 내기 힘든 수준이다. 높은 금리가 지속된다면 임대료에 반영될 것이다.

상가 투자는 매월 임대료가 들어온다는 장점이 있다. 반면, 공실과 연체의 위험이 도사리고 있다. 소액으로 투자를 시작하는 사람이라면 오피스텔 투자를 권한다. 오피스텔도 크게 보아 상업 시설이다. 대출 적용하는 기준도 상가와 비슷하다. 원룸은 기존에 공급된 물량이 많다. 1.5룸 이상 오피스텔을 주목하기 바란다. 물론, 적은 돈으로 경매를 이용하거나 대출 레버리지를 이용해 상가 투자를 할 수 있다. 이 경우는 입지와 상권, 업종과 콘텐츠를 알아봐야 한다.

아파트에 '호갱노노'라는 빅데이터 어플이 있듯이, 상가 투자에 도움이 되는 어플이 있다. '밸류맵'과 '디스코'라는 앱이다. 요즘 주택 시장이 침체하면서 상가에 대한 관심이 커지고 있다. 국민은행이 2022년 9월 'KB 오피스 투자 지수'를 발표했다. 서울의 경우 임대료 상승과 공실률 하락으로 임대가격지수가 1분기 대비 4.7%, 전년 동기 대비 12.6% 상승했다. 반면 수익률은 0.05% 하락한 3.1%로 조사되었다. 포스트 코로나 시대를 맞아 공실이 줄어드는 반면, 수익률의 변화는 거의 없다. 금리가 오르는 속도에 비해 임대료 반영이 안 되고 있다는 이야기다.

부동산으로 돈을 버는 방법은 2가지다. 시세차익을 노리거나 수익형 부동산을 통해 부를 늘려나가는 것이다. 돈은 돌고 돈다. 에너지의 흐름을 내 쪽으로 끌어당겨야 돈이 들어오고 내 안에 머문다. 당신은 하나의 그릇이다. 더 많은 돈을 담을 수 있도록 그릇의 크기를 늘려라! 부자같이 생각하고 행동하라! 당신 손에 들어온 돈을 현악기 다루듯 부드럽게 연주해야 한다. 능수능란한 재테크 연주자가 되어라!

08

골칫덩어리,
계륵 같은 산지 개발

꼬일 대로 꼬인 실타래 같은 이야기다. 오랫동안 끈질기게 내 걱정의 주범이었다. 얽힌 사연이 많아 속사포처럼 키보드를 치며 글을 써나갈 수 있을 것이라 생각했다. 그런데 마음대로 되지 않는다. 구구절절 쓰기가 싫다. 하소연이 된다. 노트북 앞에 앉아보지만, 의욕이 나지 않는다. 특정 부동산과 궁합이 있다면, 나와는 상극의 궁합이라고 말하고 싶은 땅 이야기다.

2014년 2억 6,000만 원에 이 땅을 샀다. 1억 원은 신협 융자를 승계받았다. 원주 시내에서 치악산 구룡사로 가는 2차선 국도변에 붙은 야트막한 임야다. 원주IC에서 차로 5분 남짓의 거리다. 옆에 통나무 전원주택 단지가 있고, 근처에 식당이 많은 변두리 마을이다. 건설 회사를 운영할 때 시행 팀을 이끌던 후배 권유로 매입했다. 계획관리지역 내 임야를 대지로 형질 변경해서 전원주택지를 분양하려는 의도였다. 1,230평이다. 나중에 보니 땅을 분할해 분양하기에는 규모가 너무 작다. 개발하려면 2,000평은 넘어야 한다는 게 전문가의 의견이다.

땅을 산 이듬해, 측량과 토목설계, 건축설계를 마치고 시청의 산지 개발 허가를 받았다. 2016년, 두 군데 종합건설사로부터 토목공사 견적을 받았다. 굴착기로 길을 내고 평탄작업을 해야 했다. 전석을 쌓고 뒤편 산을 절개해서 옹벽을 치는 공사다. 두 군데 모두 1억 6,000만 원의 견적 금액이 나왔다. A건설사는 회사직원의 소개로 알게 되었고 전에 한 번 부도가 났던 회사다. B건설사는 후배의 소개로 알게 되었다. 호텔 짓는 공사를 하다가 공사대금을 받지 못해 자금난에 허덕이고 있었다. 공사를 중단하고 호텔 부지에 유치권을 행사하고 있었다. A, B사 모두 마음에 들지 않았지만 B사를 택했다. 회사를 고른 기준은 회사직원보다 후배와 더 친했기 때문이다.

B사 대표는 택지로 분양하느니 차라리 큰 창고 4동을 지어 물류창고로 세 놓으면 돈이 될 거라고 그럴듯한 제안서를 내놓았다. 귀가 얇은 나머지 창고로 개발하자는 제안에 현혹되었다. 돈을 다시 들여 토목설계, 건축설계(창고 4동과 사무동)를 했다. 설계를 바꾸었으니 시청에 변경허가를 받아야 하지 않느냐고 건설사 대표에게 물었다. 그는 공사 마치고 준공심사를 받을 때 일괄로 허가받으면 된다고 했다. 철석같이 믿었다. 발주를 하고 착공대금을 주었다.

건설사는 중간마다 공사대금을 달라고 아우성을 쳤다. 나중에는 마무리 단계이니 잔금까지 달라고 애걸복걸했다. 결국, 토목공사비 1억 6,000만 원을 지불했다. 그런데 나중에 가보니 땅을 파놓고 보강토를 일부 쌓다가 공사를 하지 않았다. 자금이 급하니 받은 돈은 다른 데 쓴 것이다. 화를 내며 공사를 재촉해도 말로만 곧 마무리하겠다고 하고 내팽개쳐두었다.

몇 달 뒤부터는 전화도 받지 않았다. 우여곡절 끝에 만나 각서를 받았다. 지연배상금 조항도 넣었다. 그런데 돌아가더니 또 연락이 되지 않는다. 어영부영 2년이 흘렀다. 늦어도 5달이면 마친다던 공사가 2년이나 지연된 것이다. 그러다가 2018년, 갑자기 대표가 죽었다. 자다가 심장마비로 급사한 것이다. 1968년생이니 만 50살이었다.

사달이 났다. 1억 6,000만 원을 주었는데 땅만 파헤쳐놓고 공사가 멈췄다. 통장이 압류되었으니 부인 계좌로 공사대금을 달라고 해서 믿고 송금했는데 죽고 보니 부인이 아니고 동거녀다. 법인을 상대로 소송을 했고 승소했지만, 파산 직전인 회사에서 한 푼도 받을 수 없었다. 유치권 행사 중인 토지를 압류했지만 경매가 끝나도 배당을 받을 수 없었다. 선순위의 배당요구자가 많았기 때문이다.

2019년부터 매년 장마 때만 되면 민원이 들어왔다. 절개지에서 토사가 흘러내린다는 것이었다. 굴착기를 동원하기도 했고 매년 가로 30m, 세로 15m짜리 방수포를 씌웠다. 매년 8월, 허가를 연장하고 이행보증보험에 가입했다. 그러던 중 2021년, 시청에서 원상복구명령이 떨어졌다. 산으로 되돌려놓으라는 것이었다.

시청을 쫓아가 사정을 이야기해도 귀담아듣지 않는다. 억울해서 국민권익위원회에 민원을 냈다. 소용이 없었다. 시청 편을 들어주었다. 시청은 허가와 다른 시공을 했다며 나를 고발했다. 전석을 쌓기로 허가를 받은 후 보강토를 쌓았고 설계와 다르게 시공했다는 것이다. 피의자가 되어 경찰서 조사를 받고 벌금형을 받았다. 얼마 전, 창고에서 다시 주택으로 3번째 변경설계를 마치고 시청에 허가 요청을 했다. 엉터리로 파놓은 것을 그대로 살리면서 택지로 분양하려고 또다시 설계해야만 했다.

3가지 큰 실수를 했다.

첫째, 택지개발, 시행, 분양이라는 잘 모르는 분야를 얕잡아 보고 덤벼들었다. 설계도도 검토하지 않았다. 아니, 잘 볼 줄도 모른다. 잘 모르니 설계회사든, 건설업자든 제멋대로 서류를 접수하고 허가를 받았다.

둘째, 귀가 얇았다. 건설사 제안에 솔깃해서 이리저리 흔들렸다. 주택이 창고로 둔갑했고 이번에 다시 주택이 되었다. 우왕좌왕, 제 길을 잃고 샛길로 빠졌다. 설계 파트, 공사 파트, 제각각 놀아났고 그 책임은 고스란히 내 몫이 되었다.

셋째, 과욕을 부렸다. 분양수익 욕심을 내다 보니 사기꾼 건설업자가 꼬였고 일은 점점 엉켰다. 첫 단추를 잘못 끼우고 나니 아래 단추도 맞지 않았다.

이번에 변경허가가 나면 지금까지 들어간 돈 5억 5,000만 원에 이 땅을 매각하려고 한다. 전혀 공사하지 않고 임야로 그냥 있었어도 받을 수 있는 값이다. 아내는 아무나 경험할 수 없는 공부를 했다고 치고 잊으라고 한다. 지난 8년간 마음고생한 것을 생각하면 잊어버리기 쉽지 않다. 지나친 욕심이 이런 결과를 만들었다.

반구저기(反求諸己), '모든 책임은 나에게 있다'라는 뜻이다. 맞는 말이고 전적으로 인정한다. B건설사를 고른 것, 동거녀에게 송금한 것, 창고로 변경하는 것을 승인한 것, 전석이 아닌 보강토 시공을 알고도 묵인한 것. 모두 사실이고 내 불찰이다.

《부자 아빠 가난한 아빠》에서 로버트 기요사키는 "부자로 가는 길을 가로막는 장애물은 두려움과 게으름, 오만함이다"라고 했다. 이 땅을 산지 개발해서 분양하려고 할 때 한 번도 해보지 않은 일에 두려움이 있었다. 공사 현장에 가보지 않고 사진만 보고 대금을 지불하는 게으름과 허술함도 있었다. 설계, 시공업자들이 내 뜻을 따를 거라는 오만함도 있었다. 이제야 후회한다. 이 땅 개발을 통해 내가 얻은 지혜는 '두려움, 게으름 그리고 오만함이 모두 내 안에 있다'라는 것이다.

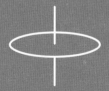

제4장

투자의 신을
만나다

01
'김사부'의
가르침

'이 정도면 족해', '모든 걸 다 가질 수는 없어'라고 스스로를 합리화하는 것은 가난한 사람들의 방어기제다. '세상에 돈은 한정되어 있어서 내가 가지면 남이 덜 가질 것'으로 생각하는 사람이 있다. 혹은, '부자들 때문에 내가 가질 돈이 모자란다'라고 생각한다. 그렇지 않다. 돈은 매일 찍어내고 있다. 늘어나는 화폐를 누가 갖든 시중에 돈은 늘어나고 있다. 화폐가 늘어나는 만큼 우리가 소유하고 있는 자동차와 집, 모든 것의 가치가 떨어지고 있다.

화폐량을 늘리는 조치를 '양적 완화'라고 한다. 미국은 코로나를 지나오면서 경기를 부양한다고 달러를 마구 찍어댔다. 마음대로 달러를 찍어놓고 책임지지 않는다. 기축통화 국가는 허락 없이도 돈을 찍어낼 수 있다. 인플레를 전염시켜 다른 나라 화폐의 가치를 떨어뜨린다. 다른 나라들은 '킹달러'와 에너지 위기로 신음하는데 원인을 제공한 그들은 아랑곳하지 않는다. 아마 미국이 경기침체의 그늘에서 누구보다 먼저 빠져나올 것이다. 우리나라는 국제경제의 틈바구니에서 파편을 맞을까 우려해 수비에만 집중한다. 세계 GDP 9위 국가인 우리나라도 미국 앞에서는 뾰족한 수가 없다.

'김사부'의 회원으로 등록해 본격적으로 강의를 들은 것은 2019년이다. 아내는 2년 먼저 '김사부'를 만났고 추천물건 2개를 골라 투자했다. 이문동 재개발과 안산의 선부동 재개발 입주권 투자다. 2건의 성공을 보고 뒤늦게 회원으로 가입했다. 그의 추천으로 2020년 인천 산곡동 재개발과 2021년 광교 오피스텔 투자를 했다. 고배를 마셨지만 고덕 그라시움 보류지 입찰에도 참여했다. 2022년에도 추천을 받아 1기신도시 재건축 예정 아파트를 매입했다.

'김사부'는 매월 회원들을 대상으로 강의를 한다. 부동산 경기가 좋을 때는 물건을 추천하면 득달같이 달려가 계약하는 사람이 많았다. 강의를 듣는 사람 중에는 공인중개사도 많다. 물건 추천은 철저히 회원에게만 국한한다. 그를 통해 부동산에 대한 관점이 변했고 시장을 읽는 감을 배웠다. 워런 버핏이 주식의 내재가치를 평가하고 투자하듯이 그도 가장 큰 수익이 나는 것에 집중적으로 투자하라고 권한다. 어느 도시에 어느 아파트를 꼭 찍어 매달 6~8개의 유망물건을 추천한다. 나는 원거리 물건을 배제했지만, 다른 사람들은 전국 어디든 가리지 않고 투자한다.

사실, 어느 부동산을 사든 시간이 지나면 값이 오른다. 앞서 나의 경우에서 봤듯이, 귤과수원을 샀다가 16년 만에 2배를 받기도 했고, 어떤 부동산은 몇 년 사이 3배가 올랐다. 어떤 선택을 하느냐가 중요하다.

그의 가르침 중 몇 가지만 소개한다.

첫째, 학군은 영원하다는 것이다. '메가스터디' 등 인터넷강의로 교육 시장이 재편될 때, 어느 전문가는 이제 대치동 학군 호재는 없어졌다고 말했다. 하지만 부자들은 자녀들의 인맥을 중시한다. 우리나라 교육열은 말릴 수 없다. '김사부'는 대치동은 불패지역이라고 주장했다. 지금도 변함없이 대치동 학원들은 인기를 구가하고 있다.

둘째, 희소한 1.5룸 오피스텔이 나중에 가치가 높아질 것이라고 최초 예측한 사람도 '김사부'다.

셋째, 15년 전에 수도권 빌라 투자를 권했다. 회원들에게 적기에 투자했다가 팔고 나오는 타이밍을 알려주었다. 지금은 빌라 투자를 권하지 않는다.

넷째, 정부의 속마음을 잘 읽는다. 정책을 잘 예측한다는 것이다. 부동산 가격을 떨어뜨리려는 정부나 지자체는 없다. 물가상승률만큼만 오르기를 바란다. 정부는 규제와 부양이라는 정책의 도구가 있다. 당근도 있고 채찍도 있는 것이다. 정부가 시장을 주도할 때 정책의 의도를 아는 것은 큰 무기다.

다섯째, 부동산으로 수익 내는 일은 당연한 이치라고 한다. "주택보급률 100%가 넘었는데 오를까?", "이렇게 많이 지어대는데 곧 하락할 거야"라고 주장하는 사람들이 있다. 선진국 대부분이 이미 주택보급률 100%를 넘었다. 사람들은 쾌적한 새 집에 살고 싶어 한다.

아직도 40%는 여전히 세입자다. 일시적으로 하락하더라도 조정을 거치면 다시 오른다. 통계를 기록하기 시작한 최근 60년 동안의 부동산 그래프를 보면 알 수 있다. 우상향이다. 부동산은 땅에 고정되어 있다. 고층으로 올리지 않는 한, 늘리기 쉽지 않다. 경기가 침체해서 부동산 가격이 내려가면 경·공매로 틈새 투자를 하면 된다. 주거용 부동산이 아닌, 토지나 상가에 투자해도 된다.

'김사부' 추천물건에 투자한 지 4년, 어느 정도는 부자가 되었다. 투자할 돈이 많지 않아 몇 개에 그쳤지만, 성공적인 투자였다. 그는 자신의 추천물건 성공률을 80%만 보라고 한다. 인생은 선택의 연속이다. 10년 전에 가지 않은 길을 갔더라면 어떻게 되었을까? 어제 한 결정을 반대로 한다면 어떨까? 옳든 그르든 지나간 선택을 바꿀 수 없다. 투자에서도 마찬가지다. 10년 전의 마음과 어제 마음이 다르다. 선택에 따라 결과는 천양지차다. 그가 주장하는 '수익 극대화 전략'을 택해야 한다. 투자의 길에서 선택의 포인트는 예상수익이 큰 것을 고르라는 것이다.

성공이나 부자에 관한 책을 보면 돈이 나를 위해 일하는 시스템을 만들라고 한다. 사업 시스템, 임대 시스템 아니면 배당, 이자, 특허권, 저작권, 프랜차이즈 등 시스템을 만드는 길은 여러 가지다. 배당과 임대 시스템이 개인이 만들기 가장 쉬운 시스템이다.

돈 나오는 파이프라인을 만들어야 한다. 적은 돈부터 관리하는 습관을 키워야 시스템을 만들 수 있다. 부자들의 습관을 배우고 부자처럼 행동해야 한다. 당신도 시스템을 만들어 경제적 자유를 누리는 최종 목표에 도달하기 바란다.

앤소니
경매 철학

금리 인상의 여파로 부동산 시장이 얼어붙었다. 뜨겁던 매수 열기는 온데간데없다. 매수 세력이 없으니 헐값에 급매물이 나온다. 시장이 경색되면 경·공매 시장이 뜨거워지게 마련이다. 그런데 투자자들이 숨죽이고 눈치 싸움을 한다. 더 떨어지면 사려고 기다리거나 레버리지 활용에 부담이 늘어서 생기는 현상이다. 입찰자가 아예 없거나 유찰되는 경우가 흔하다.

'지지옥션' 자료에 의하면, 2022년 9월까지 낙찰률은 44%로 2013년 이후 최저치를 기록했다. 2021년 74%를 감안하면 경매 시장이 꽁꽁 얼어붙은 것을 알 수 있다. 9월, 서울지역의 경매 낙찰률은 22%다. 5건 중 4건이 유찰된 것이다. 2021년 9월에 89%였던 것을 보면 격세지감을 느낄 수 있다. 반면, 서울의 9월 상가 낙찰가는 105%로 감정가를 웃돈다. 서울 아파트, 오피스텔, 빌라가 찬바람이 부는 것과 대조적이다. 사회적 거리 두기가 해제되면서 골목상권이 살아나고 있는 것으로 보인다.

앞에서 이야기한 대로 나는 토지 3건을 공매로 낙찰받았다. 20년 전, 반지하 빌라 몇 채와 2015년 원주 창고, 2018년 남양주 아파트 경매에 입찰했지만 모두 패찰했다. 2022년 제주 오피스텔 2호실, 부산 오피스텔 3호실, 평택 숙박시설 3호실 경매에도 도전했지만 고배를 마셨다. 많은 시도에도 불구하고 경매를 통해 부동산을 취득하지 못했다. 아직 경매와 인연을 맺지 못했지만, 곧 만들어질 것이다. 부동산 임대업을 하는 법인을 설립했고, 법인 명의로 경매 투자에 나설 생각이기 때문이다.

2021년에 회사 동료와 수원에 있는 경매 학원에 다녔다. 경매에 관한 책을 많이 읽었지만, 체계적인 공부가 필요했다. 2018년, 아내가 이미 수료한 학원이다. 아내는 복잡한 법적 용어를 잘 모르겠다며 내가 직접 수강하기를 원했다. 하지만 알코올중독에 빠져 세상일을 등한시했다. 2021년에 3개월, 6개월 단주에 성공하면서 시간을 내서 경매를 공부했다. 수요일 4시간씩 9주 과정이다.

원장인 '앤소니'를 만났다. 이미 그의 책을 읽었고 실전 경매의 고수라는 것을 알고 있었다. 18년째 학원을 운영하고 있다. 그가 운영하는 인터넷 카페 회원은 24,000명이다. 부동산 책을 쓰고 강의하는 유명한 사람들도 이 학원에서 '앤소니'의 가르침을 받았다. 공부하는 내내 권리를 분석하는 일이 어렵다고 생각했다. 난생처음 들어보는 용어가 많았다.

투자의 기본은 싸게 사서 비싸게 파는 것이다. 시세보다 싸게 살 수 있는 대표적인 제도가 경매다. 하지만 어설프게 경매에 덤벼들었다가 낭패를 볼 수 있다. 경매의 고수, '앤소니'가 주장하는 경매 원칙을 정리해본다.

첫째, 시세보다 20% 이상 싸게 낙찰받아야 손해가 없다고 말한다. 등기비용, 점유자를 내보내는 데 소요되는 명도비용을 감안해야 하기 때문이다. 자칫하면 낙찰 후 인수해야 하는 권리가 있을 수 있고, 세금에 문제가 생겨 시세보다도 비싸게 산 결과가 될 수도 있다.

둘째, 특수물건을 입찰하는 전략을 구사하라고 한다. 특수물건은 시세의 70% 이내에서 낙찰받아야 수익 내기가 쉽다. 선순위 위장임차인 또는 말소 가능성이 있는 선순위 권리, 법정지상권, 유치권, 지분 경매가 가능한 부동산을 노리라는 것이다. 특수물건은 경쟁이 덜하다. 경험이 많지 않은 사람은 반드시 전문가 도움을 받아 투자해야 한다.

셋째, 중요한 것은 낙찰이 아니라 수익이라고 말한다. 낙찰을 받고 되팔아야 할 때, 임대 놓을 때 문제없는 물건이어야 한다는 것이다. 집이든 땅이든 아니면 상가든 간에 매각이 되거나 임대가 되어야 수익이 생긴다.

넷째, 틈새시장이지만 신탁 공매를 추천하기도 한다. NPL(Non Performing Loan)이라는 부실화된 대출채권이 있다. 은행 등 금융기관이 대출을 실행할 때 근저당권을 확보했지만 대출 회수가 어려워 부실해진 채권이다. 이 채권을 자산관리회사나 저축은행, 캐피탈회사가 매입해 유동화회사에 되판다. 이 담보물건이 공매로 나오면 입찰해도 되고, 유동화회사에 따로 연락해 수의계약으로 매입할 수도 있다.

다섯째, 어느 경매 강사나 마찬가지겠지만, '앤소니'도 현장답사의 중요성을 강조한다. 발품을 파는 만큼 투자에 확신을 가질 수가 있고 리스크를 헷지할 수 있다고 말한다. 점유자 현황을 인터넷 사이트 정보에만 의존해서는 안 된다. 관리사무소에 들러 관리비 체납도 확인하고 승계받는 의무가 없는지 꼼꼼히 살펴야 한다.

'앤소니'의 학원 강의를 같이 받은 회사 동료는 2022년 원장 추천물건으로 군산의 아파트를 낙찰받았다. 같은 단지 여러 채가 경매에 나왔고 여러 명이 낙찰받았다. 다른 사람은 문제가 없었는데 회사 동료는 문제가 생겼다. 낙찰 후 열쇠업자를 불러 잠긴 현관문을 강제로 열었다. 텅 빈 집일 것이라고 기대했지만, 아뿔싸! 책상 등 집기와 유인물, 플래카드가 있는 것이었다. 아파트를 분양하던 시행사 직원이 무단점유하고 있었던 것이다. 1년이나 밀린 관리비를 물어내는 것은 물론, 점유자를 내보내는 데 몇 달이 걸렸다. 내 집임에도 오히려 사정사정하며 이사비용까지 물어주어야 했다.

요즘 경매에서 한두 번 유찰은 기본이다. 몇 달 전만 해도 수십 명이 몰려들던 물건에 고작 몇 명이 입찰하고 있다. 바꾸어 말하면, 지금이 경매 투자의 적기라는 뜻이다. 하지만 무턱대고 투자에 나서는 것은 금물이다.

만약, 지금 아들이 "돈이 있는데 어디에 투자하는 게 좋으냐?"라고 묻는다면 경매 투자를 권할 것이다. 경매에는 '현장에 답이 있다'라는 격언이 회자되고 있다. 현장 임장은 기본 중의 기본이고 빅데이터까지 활용해야 한다. 정부, 지자체, 그리고 민간기업이 제공하는 좋은 데이터가 많다. 경매는 언제나 매력적인 재테크 수단이다. 당신이 부자 되는 길에 경·공매 투자의 성공이 징검다리가 될 수 있기를 바라본다.

03

토지 강사 김영남의
강의 포인트

토지는 늙지 않는다. 건물은 시간이 지날수록 가치가 떨어지지만, 토지는 그대로다. 땅은 움직일 수 없어서 건물보다 미래가치를 예측하기가 쉽다. 개발 붐을 타고 땅값이 치솟아 일명, 졸부가되는 경우를 본다. 도로나 신도시, 택지개발에 수용되는 경우에도웬만해서는 손해를 보지 않는 것이 바로 토지다. 대한민국은 인구에 비해 땅이 좁다. 거기다가 국토의 70%는 산이다. 국토가 협소한 만큼 우리나라에는 쓸모없는 땅이 거의 없다. 무인도나 오지의돌산 땅도 매년 물가상승률만큼은 공시지가가 오른다.

군대에서 보초를 서며 들녘에 펼쳐진 논밭이 머지않아 금싸라기 땅이 될 것이라 예측했다. 일본 시골 마을에 도요타자동차가들어오면서 계획도시 '도요타시'가 생겨났다. 브라질에 꿈의 도시라고 불리는 '쿠리치바시'도 계획하에 개발된 도시다. 갓 스물을 넘긴 가난한 군인에게는 그림의 떡이었지만, 벽제, 고양, 송추 땅이 개발될 것을 내다보는 안목이 있었다.

토지 투자에 관심이 많았다. 하지만 이론을 공부하기 어려웠다. 토지 관련 책을 펴면 졸음이 온다. 용어부터 어려워서 금세 장벽에 부딪혔다. 관련 법도 많아 공부할 엄두를 내지 못하고 책을 덮기 일쑤였다.

'배고픈 것은 참아도 남 잘되는 것은 못 참는다'라는 말이 있다. 모두가 잘살 수 없다면 남들도 나처럼 잘살지 못하길 바라는 속성이 사람들에게 있다고 한다. 누구나 아는 속담으로 "사촌이 땅을 사면 배가 아프다"라는 말도 있다.

지난 50년간 서울 땅값은 만 배가 넘게 올랐다고 한다. 국토의 1%인 서울 땅값이 나라 전체 땅값의 30%를 차지하고, 지방에 비해서는 119배가 더 올랐다고 한다. 사람들은 "이렇게 땅이 넓은데 내 땅은 한 평도 없다"라고 말한다. 잘 몰라서 하는 말일 가능성이 크다. 아파트 소유하고 있으면 내 몫의 토지 지분이 있다. 자기 소유의 아파트가 있다면 땅을 가지고 있는 것이다.

김영남 교수를 만나 강의를 들은 건 2021년이었다. 수원에서 하는 특강에 '김영남 교수'가 초빙 강사로 왔다. 구청 농지부서에서 20년을 공무원으로 근무한 농지와 산지 분야 전문가다. 토지에 대해 그보다 많이 아는 사람은 대한민국에 없을 것이다. 일선 인허가 업무 공무원들도 문제에 부딪히면 그에게 물어보고 일을 처리할 정도다.

아내가 그의 강의를 듣고 내게 추천했다. 아내는 2018년에 주말마다 서초동을 오가며 김영남 교수의 강의를 들었는데, 기초반 강의를 들으며 나에게 하소연했다. "용어도 어렵고 법에 대한 내용도 나오는데 무슨 말인지 이해하기가 어려워요. 당신이 가면 금방 알아들을 텐데…." 당시, 나는 사기를 당해 재판을 하느라 바빴다. 억울해하며 매일 술에 빠져 살았다. 술에 빠진 나머지 토지 강의는 안중에도 없었다. 아내는 심화반도 신청해 계속 수강했지만, 토지 투자를 감행하지는 못했다. 토지 보는 안목이 없어 엄두가 나지 않는다고 했다.

앞에서 산지 개발로 낭패를 본 경험을 말했다. 건설사 대표가 죽고 원상복구 명령이 나고 고발을 당해 벌금형을 받았다. 이 개발을 할 때 김영남 교수를 알았더라면, 위기를 피할 수 있었을 것이다. 2006년 원주 기업도시에 땅이 수용될 때도 무지했다. 4년 이상 자경하고 1년 이내 대체농지를 사면 세금 혜택이 있는 것도 몰랐다. 진즉 그를 알고 있었다면, 농업회사법인을 만들거나 농지연금을 투자 전략으로 삼았을 수도 있다. 농지를 사서 공장으로 개발해 임대를 놓았을 수도 있다. 아기자기한 아파트 투자보다 땅을 개발하고 법인을 만들어 투자하는 스케일이 큰 투자자가 되었을 것이다.

김영남 교수의 토지 강의 포인트를 짚어본다.
첫째, 토지는 개발을 통해 환골탈태할 수 있다. 농지나 산지가 전원주택 단지가 되고 근린시설이나 공장이 될 수 있다. 논밭이나 임야가 대지로 변하면 땅의 가치가 높아진다. 인허가받아 개발하려면 전문가의 도움을 받는 게 좋다.

둘째, 지가 상승을 이끄는 것은 도로와 인구다. 인구가 늘고 도로가 생기면 땅값이 저절로 오른다. 땅값이 오르면 주변 집값이 오르고, 반대로 집값이 올라도 땅값이 따라 오른다. 도로와 철도, 항만은 땅을 새롭게 세팅하는 역할을 한다. 대기업 유치 등 인구가 증가하는 경우도 마찬가지다.

셋째, 토지 투자를 하려면 반드시 국토종합계획, 도시기본계획, 도시관리계획을 살펴봐야 한다. 꼼꼼히 보면 미래의 도시 모양을 알 수 있다.

넷째, 소액으로 투자한다면 경·공매부터 시작하면 된다. 감정가가 나와 있어 속을 가능성이 줄어든다. 물론 농지취득자격증명이 필요한지 확인해야 한다. '토지이음' 앱을 통해 토지이용계획확인원과 지적도도 살펴보고 현장 조사도 해야 한다.

다섯째, 초보자라면 농업진흥지역, 임야, 개발제한구역(그린벨트), 자연환경보전지역 투자는 조심하라고 한다. 맹지도 주의해야 한다.

여섯째, 노후 대비를 위해 농지연금 제도를 활용하라고 한다. 농지를 담보로 매월 연금을 수령하는 제도인데, 경매를 통해 싸게 산 농지를 활용하면 큰 수익을 낼 수 있다. 농지은행 홈페이지에서 '농지연금포털'을 활용하면 된다.

일곱째, 기획 부동산 회사를 조심하라고 한다. 큰 덩어리 땅을 사서 작게 잘라 파는 것이 기획 부동산 회사의 수법이다. 예를 들어, 평당 10만 원에 만 평을 사서 100평씩 필지를 분할해 평당 20~30만 원에 되파는 것이다.

대기업이 들어온다든지 고속도로, 철도, 신공항, 신항만이 생기는 대규모 개발이라면 엄청난 호재다. 신규 택지, 신규 산업단지가 들어와 배후지역, 진입로의 땅에 투자할 수만 있다면 큰 수익을 볼 것이다. 그렇지만, 이러한 개발 이슈를 미리 알기는 어렵다. 관심지역의 시, 군, 구청 홈페이지에서 마스터플랜을 살펴보는 것을 습관화해야 한다. '랜드북'이라는 앱이 있다. 조건에 맞는 토지를 찾아주고 집을 지을 때 집의 모양, 건축 컨설팅을 해준다. '브이월드'라는 앱도 있다. 국토교통부 산하 공간정보산업진흥원이 3D 지도와 공간정보 콘텐츠를 지원한다. '땅야'라는 앱에서 주변 땅의 실거래가를 확인하는 것도 좋다.

인터넷에 떠도는 말을 적어본다.
"땅은 10년을 가지고 있으면 인삼이요, 20년 소유하면 산삼이 된다. 대를 이어가며 잘사는 부자들은 계속해서 땅을 사 모은다."

땅은 다른 부동산보다 대출이 까다롭고 대출액도 작다. 아파트처럼 거래가 빈번하지도 않다. 땅에 투자하려면 기다릴 수 있는 느긋함이 필요하고 대출에 의존하지 않는 주머닛돈이 필요하다. 땅 부자가 되는 길, 잘 살펴 성공하길 바란다.

04

투자 고수와
그의 제자들

"부동산 사무실을 방문할 때 우르르 몰려가지 마라. 남자 둘이 다니지 마라. 필기구와 메모지를 들고 다니지 마라."

'김사부'의 말이다. 전문가 강의를 듣고 여러 명이 임장을 다니거나 팀을 짜서 다니는 경우가 있다. 관광버스로 사람들이 몰려와 종일 답변하느라 동네 공인중개사가 혼쭐이 빠지기도 한다. 전문가가 내준 숙제를 하기 위해 현장조사를 하는 사람들도 많다. 고수의 강의를 듣고 전문가 흉내를 내며 강의에 뛰어드는 사람도 있다. 하지만 몇 년이 지나면 이들은 도태되고 만다.

진짜 전문가는 따로 있다. 진짜 고수 주변에는 오래된 회원이 많고 믿을 만한 알짜 정보가 있다. 특정 물건 투자를 권유하거나 사람을 모집하고 관광버스를 대절하지 않는다. 소몰이꾼처럼 사람들을 몰고 다니거나 투자자를 현혹시키고 매입하라고 권유하지 않는다. 자신을 100% 믿으라고 하는 사람은 사기꾼일 가능성이 크다.

앞에서 소개한 3명의 고수가 어느 정도의 재산을 가지고 있는지 알 수 없다. 그들은 자신의 투자에 관한 사례를 말하지 않는다. 남을 부자 만들었다고 공치사를 하고 본인이 성공한 투자자인 것을 내세우는 사람은 믿음이 가지 않는다. 간혹, 조언을 듣고 투자한 제자의 사례를 말할 때도 있지만 자랑을 일삼지 않는다.

'김사부'는 회원들이 가진 돈의 규모에 맞게 가장 높은 투자 이익이 날 수 있는 물건을 추천한다. '앤소니'는 엄선한 경매 물건을 회원들과 공유하고 경우에 따라서는 공투(공동 투자)도 한다. 3명 모두 고객이 염두에 둔 투자 물건에 대해 정성을 다해 개인 상담을 한다.

'김사부'의 회원 '멍똑이(멍청해 보이지만 똑똑한 사람)'의 사례를 들어본다. 2009년, 8억 6,500만 원으로 반포자이를 샀다. 전세를 놓고 전세보증금으로 안산에 있는 신안 1차아파트 몇 채를 사서 전세를 놓았다. 전세계약이 끝나 전세금을 올리면 새로 생긴 돈으로 두 아파트를 전세 레버리지 투자로 계속 매수했다. 12년이 흘렀다. 그는 반포자이 3채와 신안아파트 9채를 소유하고 있다. 반포자이 자산합계 105억 원, 전세 19억 원씩 3채 57억 원을 빼면 순자산 48억 원이다. 신안 1차아파트 자산합계 34억 2,000만 원, 전세 2억 5,000만 원씩 9채 22억 5,000만 원, 순자산 11억 7,000만 원이다. 두 단지를 합쳐 순자산은 59억 7,000만 원이다. 최초 순자산 8억 6,500만 원을 빼면 51억 500만 원을 벌었다.

그를 멍뚝이라 한 이유는 한눈팔지 않고 두 우물만 팠더니 성공했다는 우화 같은 이야기의 주인공이기 때문이다. "팔아서 다른 데 투자하지 않고 왜 그냥 두 우물만 팠느냐?" 물으니 그의 대답이 우습다. "안 팔려서 그랬다"라고 한다. 비싸게 매물을 내놓았는지, 그때마다 부동산이 조정국면에 있었는지 어쨌든 안 팔리니 다른 사람에게 다시 전세를 놓았다는 것이다. 12년 지나 보니 이런 결과가 나왔다. 이 사례를 예로 들며 '김사부'는 부동산으로 돈 번다는 것은 자기 힘으로 버는 게 아니라 그냥 시장이 돈을 벌어 주는 것이라고 말한다.

'앤소니'의 제자 중에서 다니던 회사를 박차고 나와 전업 투자자의 길을 가는 젊은이들이 있다. 그들 둘은 학원에서 강의도 하고 적극적으로 SNS 활동도 한다. 그들은 소액 갭 투자로 시작해 몇 년 만에 수십 개의 부동산을 소유하고 있다. 그들은 종일 부동산을 생각하며 경매 물건을 분석하고 현장에서 뛰어다닌다. 요즘 같은 경·공매 호기에 그들은 날개를 달고 더 멀리 날게 될 것이다. 몇 년이 지나면 더욱 큰 부자가 되어 있을 것이다.

그중 한 명의 사례를 들어본다. 그는 33살까지 신용불량자였다. 그는 6년 동안 경매를 통해 돈 들어오는 파이프라인을 늘려왔고, 지금은 월 3,000만 원 넘는 월세를 받는 임대인이 되었다. 6년 전, 300만 원의 월급을 받으면서 첫 경매로 빌라를 낙찰받았다. 소액 빌라 투자를 통해 월세를 받고 자본수익에 눈을 뜨기 시작했다.

회사를 그만두고 전업 투자자가 되었다. 빌라나 지방아파트 위주의 경매를 하다가 상가 투자와 오피스텔까지 영역을 확대했다.

　30년 직장생활을 마치고 정년을 앞둔 수강생의 질문에 그가 한 말은 "경매로 성공하려면, 일단 시작하셔야 합니다"이다. 지금도 매달 여러 건의 새로운 낙찰을 받는다. 큰 수익이 나오는 부동산은 과감히 팔아 목돈을 만들고 작은 경·공매 여러 건에 입찰한다. 젊은 사람답게 돈의 빠른 회전이 그의 최대 장기다. 낙찰받아 등기한 후, 일주일 후에 팔기도 한다.
　앞의 사례의 두 사람은 믿음을 갖고 하라는 대로 뚝심 있게 나아갔다. 배운 대로 행하고 똑바로 따라가니 기회가 찾아왔고 성공을 한 것이다.

　나는 얼마 전, '김사부'의 6개월 과정 스터디그룹에 들어갔다. 30여 명이 매일 숙제를 한다. 한 주는 강의를 듣고 수강보고서를 제출한다. 그다음 주는 '김사부'가 지정한 책을 읽고 독후감을 제출한다. 매주 한 도시의 예비임장보고서를 제출하고, 한 달에 1번은 실제로 현장에 나가 임장을 하고 보고서를 제출한다. 이러한 과정을 6개월 동안 반복해야 한다. 지금 3달째인데 같이 공부하는 사람들의 보고서를 볼 때마다 놀란다. 논문 같은 페이지 수에도 놀라지만 알찬 내용을 보면 깜짝 놀란다. 아마 그들은 부자가 될 것이다. 부자가 되겠다는 열정이 남다르기 때문이다.

　운이 좋아 투자에 성공하거나 부자가 된 사람도 있다. 하지만 요행은 없다는 게 나의 생각이다. 우연히 성공한 것 같지만 성공을 꿈꾸는 삶을 살아왔기 때문에 그에게 운이 온 것이다. 신이 있다면 누구에게나 골고루 기회를 나누어줄 것이다. 그것을 잡느냐, 못 잡느냐는 선택의 문제다. 운인 것 같지만 선택의 결과로 얻은 성공인 것이다. 투자자들 사이에 회자되는 격언이 있다. "팔고 나서 올라도 애통해하지 마라"는 것이다. 팔고 나서 올라도 여유 있게 웃으라고 한다. 과연 몇이나 그럴 수 있을까? 워런 버핏이나 가능하지 않을까? 나는 웃을 수 없을 것이다. 아마, 배 아파 떼굴떼굴 구를지도 모른다.

'김사부'의
투자 전략

이탈리아 경제학자 파레토(Vilfredo Pareto)가 만든 '80대 20'이라는 법칙이 있다. 땅을 보며 개미를 관찰해보니 열심히 일하지 않는 개미가 80% 정도 있는 것을 발견했다. 일을 열심히 하는 개미를 골라 그들끼리 모아두었다. 처음에는 대부분 일을 열심히 하다가 시간이 흐르자 80%의 개미들이 일을 게을리하는 것을 발견했다. 2080의 법칙으로 불리는 '파레토의 법칙'은 상위 20%가 80%의 부를 가져간다는 의미를 담고 있다.

통계청의 '인구동태 코호트 DB'라는 자료가 있다. 동일한 시기에 출생한 인구 집단에 대해 혼인, 거주 등 특정 이슈의 생애 변화를 분석한 자료다. 1983년생과 1988년생, 즉 2023년 기준 40세와 35세의 인구집단을 조사했다. 혼인 여부를 보면 40세는 67%, 35세는 37%가 결혼했다. 주택 소유 비율을 보면 40세는 29%, 35

세는 14%다.

우리나라 사람들은 집을 소유하려는 욕구가 강하다. 하지만 오랜 기간 급여를 모아도 집을 장만하기 힘든 게 현실이다. 짝을 만나 결혼한다고 치자. 어떤 사람은 부모의 도움으로 집 걱정 없이 시작하는 반면, 맞벌이해서 모아도 집 사기 어려운 사람이 있다. 자본주의에서 해결하지 못하는 숙제 중 하나가 부의 양극화다. 시간이 갈수록 가진 자는 더 가지고, 못 가진 자는 더욱 쪼들린다. 아이러니하게도 20대 이하 유주택자가 16,000명이나 있다고 한다. 대부분이 증여를 통해 부를 대물림받지 않았을까?

'김사부'는 2007년 첫 책에 이어 여러 권의 책을 냈다. 몇천만 원으로 수십억 원을 벌었다는 허풍이 가미되어 서점에 진열된 책과는 제목부터 다르다. 자극적인 말이 없고 대학생이 전공 책을 처음 접할 때처럼 '○○학개론' 같은 제목이다. 책 제목 몇 개를 살펴보면,《부동산 투자의 정석》,《부동산 소액 투자의 정석》,《코로나 이후, 대한민국 부동산》이다. 이 책들에 서술된 내용을 다 쓸 수는 없지만, 집중적으로 다룬 내용 몇 가지를 소개한다.

《부동산 투자의 정석》을 보면, 부동산 투자는 유효하고 10년, 20년이 지나도 여전히 유효할 것이라고 한다. 주택은 향후 20년 간 부족할 것이고 20년을 좌우할 키워드를 주목하라고 한다. 첫째, 새 아파트, 둘째, 역세권, 셋째, 소형, 넷째, 강남권, 다섯째, 임대료(임대료가 지속해서 상승할 수 있는 입지)다. 2019년,《부동산 소액 투자의 정석》에서는 1억 원 이하 소액 투자법을 기술했다. 전세 레버리지 전략, 비로열 아파트, 미분양아파트, 뜨는 지역의 낡은 빌라, 대지지분이 넓은 빌라, 택지개발지구의 오피스텔, 지방의 학군 아파트를 타깃으로 삼았다. 《코로나 이후, 대한민국 부동산》에서는 코로나 이후 부동산의 변화를 예측했다. 학군은 영원할 것이고, 제2의 강남으로 판교가 부상할 것으로 예상했다.

'김사부'의 투자법 중 알까기 전략이 있다. A, B, C, D 4채의 부동산이 있다고 가정하자. 2년 후 전세보증금 증액분으로 E를 매입하고, 다시 2년 후 F를 매입한다. 값이 많이 오른 A를 매각해 상급지에 A-1을 만들고 B와 C를 팔아 B-1, C-1을 만든다. 이런 식으로 전세보증금 상승분을 이용해 집 수를 늘리면서 많이 오른 물건을 팔아 좋은 지역의 부동산으로 갈아타는 작전이다.

그의 이론에 '4년 숙성매각 전략'도 있다. A부터 H까지 8채의 부동산이 있다면 모든 부동산을 4년을 묵히고 파는 작전이다. 4년을 묵혀 값이 많이 오른 부동산을 하나씩 팔아 성장성 높은 자산으로 갈아타라는 것이다. 매각대금(원금+이익금)에서 세금을 공제하고 더 성장성 있는 자산으로 교체가 가능하다. 8채가 있으면 4년 보유 후 매년 1채씩 팔면서 자산을 교체할 수 있다. 이 이론은 부동산 경기가 꾸준한 경우에 성립한다. 지금처럼 시장이 경직되어 하락하는 추세라면, 매각을 쉬면서 버텨야 한다. 그러면 4년이 아니라 6~7년이 걸릴 수도 있다. 반면, 시장이 너무 급등하면 1년 이내에 단타를 칠 수도 있고 2년 만에 팔 수도 있다. 이 전략이 성립하기 위해서는 여러 개의 자산을 가지고 있어야 하고, 매매를 통해 거둔 차익을 계속 재투자해야 가능하다.

나는 부동산을 매수하는 데는 적극적이지만 매도하는 데는 주저하는 성향이 있다. 돈이 계속 생기지 않는데 팔지 않으니 투자가 정체될 수밖에 없다. 한번 내 손에 들어온 부동산을 움켜쥐는 탓에 발 빠른 거래를 못 한다. 나이가 들어가면서 수익형 부동산의 묘미에 점점 빠져들고 있다. 상봉동 상가와 원주 상가, 인천 산곡동의 상가에서 고정적으로 월세가 나온다. 강남구 오피스텔과 광교 오피스텔에서도 월수입이 생긴다. 현재, 월 임대 수입이 2,000만 원이 넘는다. '김사부'의 투자 시스템대로 월 3,000만 원이 나올 때까지 수익형 부동산 투자를 늘려나갈 것이다.

나의 32년간의 부동산 투자를 보면, 2016년 이전과 이후로 크게 나눌 수 있다. 2016년 이전의 25년은 부동산 투자를 통해 수익을 보지 못했다. 투자에 성공해 수익을 본 게 불과 7년 전부터이기에 얼마 되지 않는다. 2016년에 상봉동과 원주 상가를 취득했다. 2018년부터 '김사부'의 추천 부동산을 매입하고, 공매로 토지를 취득했다. 몇몇 오피스텔 투자도 했다. 10개가 넘는 부동산을 매입하면서 부동산에 대한 안목을 넓혔다.

인플레이션으로 현금자산의 가치가 하락하고 있다. 물가상승률이 6%를 넘어섰다. 금고에 넣어둔 돈, 통장에 잠자는 돈은 6%의 가치가 줄어든 것이나 마찬가지다. 달러의 가치는 오르고 다른 나라 화폐의 가치는 하락한다. 미국이 FTA를 무시하고 자기 이익만을 내세우고 있다. 우리나라는 말 잘 듣는 미국의 동생이 되려고 애쓰지만, 친동생 아닌 8촌 동생쯤으로 취급당한다. 중국도 으름장을 놓을 듯 요란하지만, 아직 미국 앞에서 기를 펴지 못한다.

지금의 인플레와 경기침체가 지나가면 부동산의 가치는 오를 수밖에 없다. 물가가 오른 만큼 상승의 여지가 있고 원화의 가치가 떨어진 만큼 상승 가능성도 있다. 미국은 코로나를 겪으며 자기 마음대로 양적 완화 정책을 폈다. '어빙 피셔(Irving Fisher)'의 화폐수량설 교환방정식이 있다. $MV = PQ$(M : 통화량, V : 통화유통속도, P : 물가, Q : 생산량), 즉 '통화량을 늘리면 물가가 오른다'는 것이다. 코로나 시기, 미국의 양적 완화는 물가가 오르는 부작용으로 나타나고 있다. 자기네가 저지른 잘못으로 나타나는 인플레를 다른 나라에 전가한다. 미국은 죄 없는 우리나라를 회초리 때리고 얼차려를 주는 아주 질 나쁜 8촌 형이다.

06
재개발·재건축 투자
따라 하기

 새 아파트는 변하지 않는 부동산의 테마다. 신축 아파트 인기는 식지 않는다. 그래서 경기가 하락장이라도 재개발과 재건축은 살아남는다. 재개발·재건축 투자 시 반드시 고려해야 할 것이 있다.

 첫째, 입주까지 얼마의 시간이 걸릴 것인지 파악해야 한다. 재개발의 경우 10~15년, 재건축도 빨라야 5년, 보통 10년이 걸리는 대장정이다. 철거와 건축 과정을 거치는 동안 투자금이 묶인다. 조합원들과 조합의 끊이지 않는 다툼을 견뎌낼 인내도 필요하다.

 둘째, 수익성이 있는 지역인지 분석해야 한다. 잠실주공, 개포주공, 반포주공, 고덕주공, 가락시영 등 성공적으로 재건축을 마친 지역이 있지만, 둔촌주공처럼 건축 과정에서 여러 변수에 부딪쳐 곤욕을 치르는 단지도 있다. 주민 동의를 얻지 못하거나 사업성이

164　부동산 투자의 내비게이터

떨어져 재개발이 무산되는 경우도 많다.

　재개발·재건축 투자에서 유의할 점을 살펴보자.

　첫째, 용적률이 낮은 지역을 노려야 한다. 1기 신도시 중 일산과 분당은 용적률이 200% 이하라 사업 여건이 좋지만 평촌, 산본, 중동은 용적률 200%가 넘는다. 재개발의 경우에는 비례율을 유의해서 봐야 한다.

　둘째, 일반분양 세대수가 많고, 높은 가격에 분양할 수 있는 지역을 택해야 조합원분양가가 내려간다.

　셋째, 용적률 상향이 가능한 지역을 골라야 한다. 용적률에 따른 필요 대지지분은 다음과 같다. $59m^2$의 경우, 용적률이 250%라면 9.75평이 필요하고, 용적률 300%라면 7.25평이 필요하다. $84m^2$의 경우에는 용적률 250%에 13.25평, 300%에 10.75평이 필요하다. 대지지분이 높은 단지일수록 개발이익이 늘어나고 사업성이 좋아진다. 분당 재·보궐선거에 출마한 '안철수'는 역세권 아파트의 경우 용적률 500% 상향을 공약했다.

　넷째, 가격이 저점일 때 잡아야 한다. 사업시행인가가 났거나 관리처분인가가 갓 나온 지역을 권한다. 안전진단 통과나 조합원 동의를 받고 건축 추진을 발표할 때는 물론이고 조합설립인가, 사업시행인가, 관리처분인가 등 단계마다 값이 계속 오른다.

　다섯째, 재건축이나 재개발로 지역이 새롭게 리셋될 지역을 주목해야 한다. 개포동과 반포 일대, 고덕동 주변, 청량리역 부근, 아현동이나 장위, 휘경동 같은 뉴타운 지역의 경우를 복기해보면 좋다. 목동주공이 재건축된다면, 새로운 랜드마크로 거듭날 것이다. 요즘처럼 부동산 시장이 하락장에 있다고 해도 새 아파트가 들어서는 재개발·재건축은 호재 중의 호재다.

나의 재개발 투자 스토리를 살펴보자. 2019년, 안산의 선부 재개발 아파트 투자는 완공을 1년 반 정도 남긴 상태에서 P를 주고 매수했다. 부동산 경기가 미지근할 때라 적은 금액의 P를 주고 샀고, 사자마자 수도권과 세종을 중심으로 전국 부동산 가격이 폭등했다. 15개월 뒤, 입주 시점이 되자 조합원분양가와 P를 합친 매수금액의 2배로 값이 올랐다. 이 투자는 완공이 임박한 시점이라 늦었다는 우려가 있었다. 계속 헛발질하는 정부 정책으로는 가격 상승을 막지 못할 것이라는 확신을 갖고 투자했다. 나의 도움 없이 아내가 판단하고 대출 레버리지를 활용해 이룬 성공적인 투자였다.

2018년에 투자한 이문1구역 투자도 성공적이었다. 2024년 완공을 목표로 한창 짓고 있으며 일반분양을 앞두고 있다.

2020년 투자한 부평의 산곡 도시환경지역 재개발은 지금 철거 준비 중이다. 2023년 2월 20일까지 단전, 단수 조치를 하고 공가 신고 한다. 2026년 준공예정이다. 2,475세대 중 1,151세대가 일반분양이라 사업성이 좋은 편이며, 7호선 산곡역 초역세권이다. 게다가 단지 안에 초등학교를 품은 '초품아'다.

재건축 아파트에 대한 투자도 있다. 얼마 전 1기 신도시 재건축을 테마로 4개 단지가 통합재건축을 추진하고 있는 일산 후곡마을 아파트를 매수했다. 잔금을 치를 때 실거래가가 1억 1,000만 원이 떨어진 상태에서 계약이 이루어져 마음고생을 했다. 그래도 재건축을 추진한다는 현 정권의 공약 이행을 기대하고 있다. 2016년 이후 7년간 부동산으로 큰 수익을 거둔 가장 큰 원인이 재개발 투자다. 시의적절한 투자에서 아귀가 맞아떨어졌고 운도 따랐다. 물론 '김사부'의 조언이 큰 힘이 된 것은 말할 나위가 없다. '김사부'의 조언을 듣고 투자한 1기 신도시 재건축은 매입 시기를 잘못 잡았지만, 앞으로의 향배를 두고 볼 일이다.

재개발·재건축에서 일정한 조건을 갖추면 기본적인 조합원 분양권 외에 $60m^2$ 이하의 아파트를 추가로 분양받을 수 있다. 흔히 1+1(원 플러스 원)이라고 한다. 이때도 주의할 점이 있다. 내가 선택한 추가 평형을 다른 사람들도 많이 선택해서 경합이 붙으면, 이때는 1+1 신청자보다 1주택 신청자가 우선한다. 1+1의 경우, 공인중개사 말만 듣지 말고 조합에 확인하고 투자해야 한다. 또한, 투기과열지구의 경우 재건축은 조합설립인가 이후, 재개발은 관리처분인가 이후 전매제한 규정이 있는 점도 유의해야 한다. 단, 10년 이상 보유하거나 5년 이상 거주한 경우에는 전매제한에 예외가 인정된다.

투자에 정해진 길은 없다. 관심을 갖고 공부하면 부동산을 보는 안목이 생긴다. 어느 순간부터 지혜가 생기고 고수익 내는 투자의 길이 열린다. 꾸준히 투자 공부를 해야 하는 이유다. 재개발·재건축 투자가 어렵다고 생각하는 사람이 많다. 어려운 용어가 있지만 알고 보면 별것 아니다. 투자금이 오랜 기간 묶인다는 점도 감안해야 한다. 사업 진행 중에 변수가 많아 지연되는 경우가 많기 때문에 기다릴 각오를 하고 뛰어들어야 한다. 재개발·재건축 투자는 번듯한 새 아파트를 얻는 과정이다. 다 지은 아파트를 사는 것보다 저렴하게 살 수 있고 높은 수익을 볼 수 있다.

부동산 투자의 길에 입문해서 한두 번의 도약하는 과정이 생기면 흥미진진해진다. 나도 재개발 투자와 월세 받는 상가 투자를 통해 2번의 널뛰기를 경험했다. 여러분도 재개발·재건축 투자를 통해 행운을 잡기 바란다.

"모두가 탐욕을 부릴 때 두려워하고, 모두가 두려워할 때 탐욕을 부려라."

워런 버핏이 한 말이다. 부동산이 하락장인 지금 재개발·재건축의 P도 많이 낮아졌다. 지금 나에게 돈이 있다면, 이 기회를 놓치지 않을 것이다.

집값이 움직이는 가장 큰 요인은
사람들의 심리다

부동산은 누구에게나 중요한 자산이다. 몇 년 폭등했던 부동산 가격이 하락하거나 조정받고 있다. 변덕스러운 시장 상황에 당황스럽다. 미국발 인플레이션이 어두운 그림자를 드리우고 있다. 러시아와 우크라이나 전쟁의 영향으로 곡물 가격이 폭등하고 원유와 원자재값이 올랐다. 미국이 물가를 잡겠다고 금리를 올리니, 다른 나라도 인플레와 고금리에 허덕이는 '퍼펙트 스톰'이 나타났다. 경기침체라는 뉴스가 세상을 뒤덮으니 사람들의 투자 심리가 얼어붙고 있다.

부동산 시장이 상승기에 접어들면 관심이 없던 사람들도 부동산 가격을 알아보느라 분주해진다. 매도자가 호가를 올리니 매수자의 마음은 급해진다. 매도자 우위의 시장이 된다. 매도자는 헐값에 넘기는 게 아닌가 눈치를 본다. 다급해진 매수자는 흥정할 엄두도 내지 못하고 부르는 가격에 사인한다. 거래 소식과 밀고 당기는 심리 게임은 SNS와 인터넷 카페, 단톡방 주민 커뮤니티를 통해 일파만파 공유된다. 이렇게 시장이 과열되어 있던 타이밍에 정권이 교체되었다. 바뀐 정부가 들어서자마자 저절로 상승세가 꺾였다. 금리와 물가가 오르면서 사람들 심리가 얼어붙었다. 전 정부가 시행한 28번 누더기 대책으로도 풀지 못한 숙제를 단숨에 해결한 것이다. 현 정부는 가만히 앉아서 코 푼 셈이다.

침체기에 들어서면 사람들의 반응이 180도 변한다. 매물이 쌓여도 거들떠보지 않는다. 더 떨어질 것이라는 언론 보도는 전파를 타고 퍼져나간다. '지금 사면 상투를 잡는 게 아닌가' 하는 마음에 매수자들은 눈치를 본다. 이런 심리가 번지면, 시장은 경색된다. 비수기가 오면 대부분 사람들은 더 떨어질 것이라고 생각한다. 반면, 소수의 사람들은 비수기가 되면 물 들어왔다며 투자를 늘린다. 대중의 심리는 대부분 전자다. 그 결과, 지금 매매뿐만 아니라 전세까지 거래절벽 현상이 나타나고 있다.

5년 전, 우리 부부는 10년 동안 세컨 하우스로 사용하던 전원주택으로 이사했다. 아이들이 서울로 분가해 큰 아파트가 필요하지 않았고, 이문동 재개발 입주권 투자를 해서 현금이 필요했다. 거주하던 아파트 전세를 놓고 보증금을 투자금에 보태니 실제로는 단돈 6,000만 원으로 이문동 재개발 투자를 한 셈이 되었다. 권리가액 2억 4,000만 원과 P 1억 6,000만 원을 합쳐 4억 원에 매수했다. 이주비 대출 1억 원을 받고 전세 2억 4,000만 원 받은 것을 더하니 실제 6,000만 원을 동원해서 이문 재개발 투자가 이루어진 것이다.

2021년 원주에 2,600세대의 대형 아파트 단지가 입주했다. 뜨거운 부동산 열기로 P가 수억 원이 붙었다. 아내는 새 아파트에 대한 로망에 젖었다. 시골 단독주택에 사는 불편함도 아내의 마음을 움직였을 것이다. 밭일에 지쳐가고 농사를 짓다 보면 뱀도 나오고 허구한 날 벌레에 물리니 신물이 날 만도 했다. 브랜드 좋은 새 아파트를 사자는 성화에 반년을 들볶였다. 내가 사지 않고 버티며 우겨댄 논리는 단순하다. "이왕 살 거면 수도권에 사자!", "2023년에 전세 놓은 아파트로 도로 들어가자. 그때 인테리어 공사를 때깔나게 하고 입주하자!"라는 것이었다. 1년이 지났고 지금은 P 안 주고도 살 수 있을 정도로 집값이 하락했다. 2021년에 사지 않은 것이 천만다행이다.

최근에 거래한 아이러니한 투자 스토리도 있다. 2022년 6월 26일 매수한 일산 아파트의 실거래가 최고액을 내가 찍었다. 1기 신도시 재건축 공약을 믿고 덤빈 결과다. '네이버 부동산'으로 검색하면 이 아파트 실거래가 최고액이 뜨는데, 그것이 내 거래다. 84m^2 7억 8,700만 원, 지금 보면 낭패를 본 것 같지만, 재건축이 발표되면 단숨에 회복하고 오히려 역전시킬 것이라 기대하고 있다.

요즘의 부동산 심리를 알아보자.

첫째, 대출조건이 까다롭고 금리가 올라 레버리지 활용이 어렵다. 당연히 구매의욕이 없다. 오르지도 않는 부동산을 이자 물어가며 사지 않으려는 것이 사람 심리다.

둘째, 자산의 디플레를 우려하는 심리도 있다. 가격이 내려가고 침체되어갈수록 더 내려갈 것으로 보는 사람들 심리가 있다. 2022년 11월, 〈매일경제〉에서 한국은행 발표가 보도되었다. 2023년에는 5% 고물가, 성장률은 1%대 늪에 빠질 것이라는 기사였다. 중앙은행까지도 어두운 전망을 내놓고 있다. 대중적으로 유행하는 정보에 동조해서 타인과의 관계에서 소외되지 않으려는 행동을 '밴드왜건 효과(Bandwagon Effect)'라고 한다. 지금 경색된 부동산 심리를 한마디로 표현한 사회현상 용어다.

셋째, 몇 년간 가격폭등에 버블이 있다고 생각하는 심리다. 일본의 버블과는 다르지만, 일부 언론이 군중심리를 몰아가며 사람들에게 비관적인 분위기를 만들고 있다. 부동산 가격이 더 떨어질 것이라고 생각하면 지금은 쉬어가는 것도 좋다. 이 시기에 할 수 있는 경·공매 핀셋 투자를 하거나 마땅한 투자처가 없다면 공부하며 기회를 잡을 준비를 하는 게 좋다.

부동산의 심리를 알려주는 대표적인 통계 지표를 KB통계와 '부동산 지인'이라는 사이트에서 확인할 수 있다. 매수우위지수가 100이 넘으면 매수세가 더 강한 것이다. 관심 있는 지역을 수시로 확인하면 좋다.

어떤 공인중개사의 말을 빌리면, 지금 시장의 분위기를 알 수 있다.

"몇 년 동안 내 돈으로 음료수를 사서 냉장고에 넣은 적이 없다. 좋은 매물이 나오면 연락 달라고 사 가지고 오는 사람이 많았다. 요즘은 찾아오는 사람이 없다. 2~3달에 한 건 거래하면 천만다행이다."

다른 공인중개사는 "유주택자는 버티고, 무주택자는 기다리라"라고 말한다.

거래절벽과 급매가 나오는 요즘의 현상을 장기적 침체 신호로 인식하는 사람도 있다. 나는 물가상승률만큼은 다시 오를 것이라고 굳게 믿고 있다. 무주택자라면 지금 시장을 잘 주시하다가 급매물이 나오면 잡아야 한다고 생각한다. '주담대' 금리가 8%를 넘어갈 것이라는 전망이 나오고 있다. 고금리의 한파를 잠시 겪더라도 집을 사는 타이밍을 잘 잡아야 한다고 생각한다.

인터넷에 떠도는 부동산 명언 중에 다음과 같은 말이 있다. "투자가 위험한 게 아니라, 투자 안 하는 게 위험하다." 물가상승률만큼 돈의 가치가 떨어진다. 조심스럽게 투자를 따져봐야 할 때다.

고수들의
임장 기법과 물건 분석

    사람은 5만 년 동안 지구에 있어왔고 수천 년 동안 자산을 사고 팔며 살아왔다. 우리나라는 국토가 협소하다. 그래서인지 부동산에 대한 사람들의 애착이 대단하다. 부동산은 부를 축적하기 가장 쉬운 수단이다. 우리나라는 돈 있으면 살기 좋은 나라다. 주거 환경, 기후, 자연, 치안, 교육 시스템, 미디어 등 우리나라만큼 갖춘 나라도 흔치 않다. 지금 같은 악조건의 시장에서도 부동산 투자에 빠져 재미를 보고 있는 동료는 '부동산 하나로 평생 꿀 빨 수 있는 나라'가 대한민국이라고 말한다. 그는 만나는 사람마다 "부동산을 사라"고 전도사처럼 권한다. 물론, 부동산만 있다고 행복한 것은 아니다. 건강, 가족, 명예, 성공 등 가치 있는 것도 많다.

    임장이란, 부동산에서 사용하는 단어다. 부동산을 사려고 할 때 직접 해당지역에 가서 탐방한다는 뜻이며, 시쳇말로 '발품 판다'

고 한다. 임장지에 갈 때는 대중교통을 이용하는 것이 좋다. 임장 지역이 멀어서 차로 이동하더라도 구석구석 보려면 걸어 다니며 살피는 것이 좋다. 요즘에는 애플리케이션을 이용해 얻을 수 있는 정보가 널려 있어서 사전에 대강 윤곽을 잡을 수 있다. 하지만 인터넷 정보와 직접 발품을 팔아 얻은 정보는 차이가 난다. 부동산은 누구나 재산목록 상위에 올라가는 자산이다. 꼭 보고 사야 마음이 놓인다. 반드시 임장하고 매수하기 바란다.

인터넷을 이용해 웬만큼은 사전조사를 할 수 있다. 이를 은어로 '방구석 임장'이라고 한다. 전화 임장도 가능하다. 거래가 잘되는지 분위기를 파악하는 데는 공인중개사 사무소에 직접 전화를 걸어 물어보거나 다른 사람이 인터넷에 올린 임장기를 참고하면 좋다. '호갱노노'나 '아실' 어플을 통해 실거래가를 확인하고 관심단지 소개글, 그리고 거주민 후기를 살펴보라. 네이버 부동산을 검색해 호가를 확인하라. 지역 공인중개사 사무소에서 운영하는 인터넷 카페나 '지역맘' 카페를 찾아보면 여러 가지 정보를 알 수 있다.

역에서 얼마나 걸리는지, 학교까지 도보 시간, 주변 환경은 어떤지, 동네가 조용한지, 사람들 연령대는 어떤지, 아이들 키우기 좋은지, 범죄와 사고 걱정이 없는 곳인지 살펴야 한다. 경사가 심한지, 층간소음 문제, A타입, B타입의 선호도 같은 것은 직접 발품을 팔아야 정확히 알 수 있다. 매물만 훑어보거나 단지 안쪽만 살피는 것은 진정한 임장이 아니다.

6개월 코스로 '김사부'의 스터디그룹에 들어가 공부를 하고 있다. 매주 예비임장보고서를 제출하고 한 달에 한 번은 직접 임장해서 인터넷 카페에 보고서를 올린다. '김사부'는 보고서를 채점해 획득한 점수에 비례해 수강료 일부를 반환해준다. 학습 의욕을 돋우고 6개월 동안 포기하지 않고 공부할 수 있도록 동기를 부여한다. 그를 만나기 전인 2017년, 공매로 2건의 토지를 취득한 것 모두 임장 없이 입찰했다. 패찰했던 고흥 폐교 공매도 임장하지 않았다. 남양주 아파트, 원주 창고, 원주 토지 등 몇 개의 경·공매 건은 임장을 했지만, 중요 사항을 확인하기보다 대충 현장을 훑어본 게 전부다. 그야말로, 수박 겉핥기로 얼렁뚱땅 임장한 것이다.

뒤늦게 알게 되었지만 '김사부'의 임장 노하우를 소개한다.
첫째, 진짜 거래할 것이라면 적어도 2번은 가봐야 한다.

둘째, 반드시 3군데 이상의 공인중개사 사무소에 방문하라. 공인중개사가 성의 없이 대답하면 그냥 나와서 다른 공인중개사 사무소를 찾아가면 된다. 어떤 공인중개사는 본인이 가진 물건이 없다고 "여기는 안 돼요", "너무 늦게 왔어요"라며 부정적으로 이야기해서 옆 공인중개사 사무소 영업을 훼방 놓기도 한다.

셋째, 공인중개사가 한가한 시간을 골라서 가라. 밤에 가서 골목이 으슥한지, 주변이 시끄러운지 확인하면 더욱 좋지만, 낮에 여유롭게 임장하는 게 좋다.

넷째, 조망이 최우선이고 향(채광)이 다음이다. 로열층, 소음 여부, 구조, 주변 환경도 놓쳐서는 안 되는 중요 사항이다. 물론 그 지역의 개발호재를 파악하는 것은 필수다.

다섯째, 스토리를 만들어서 임장하라. 선의의 거짓말일 수도 있지만 '회사를 옮기게 되어서', '부모님 집을 알아보는 중이라', '신혼집을 알아보는 데 사야 할지, 전세를 얻어야 할지 고민 중', '투자할 수 있는 돈이 얼마 생겨서 이곳저곳 알아보고 있다'라고 해야 공인중개사가 차근차근 알려준다. 공인중개사 사무소에서 집 내부를 보여준다고 하면 무조건 보라고 한다. 많이 볼수록 임장 실력이 는다.

'김사부'의 물건 분석 기법을 보자.

첫째, 지역을 비교해서 꼼꼼히 따진다. A지역에 신축이 들어서면 근처에 있는 비슷한 단지 규모의 새 아파트를 찾아 비교한다. 다른 도시의 형성과정을 모델로 해서 미래 가치를 찾기도 한다. 예를 들어, 인천 부평구에 1만 5,000세대가 입주해 도시의 형태가 새롭게 세팅된다면, 수원 팔달구의 대단지 형성과정을 복기하면서 해답을 찾아간다.

둘째, 재개발(재건축) 투자 시 감정가에 프리미엄을 얹어서 투자해도 투자 수익이 있는지 치밀하게 분석한다. 그는 언제나 실투자금 대비 수익률을 근거로 추천한다. 일반분양분이 많아 비례율이 높은 재개발, 용적률이 낮아 사업성이 좋은 재건축을 추천해준다.

셋째, 소액 투자자 입맛에 맞는 물건과 억대 투자금이 필요한 물건을 골고루 추천한다. 추천하는 대부분의 투자 지역은 인구 20

만 이상 도시다.

나는 원주와 서울, 수도권에만 투자를 집중했다. 영남과 충청, 호남지방의 추천물건은 한 귀로 듣고 한 귀로 흘려보냈다. 투자에 열성적인 사람들은 전국 어디든 가리지 않는다. 작은 물건이라도 발품을 판다. 나는 대충대충 투자하고 임장에 게으른 편이다. 나만의 투자 원칙도 뚜렷하게 정립되어 있지 않다.

이참에 분명히 투자 방향을 정해본다.

첫째, 법인 명의로 경·공매 투자에 나서겠다. 개인 명의를 사용하는 데는 다주택자라 불이익이 많다. 소액 투자 물건은 레버리지를 적극적으로 활용해 투자하겠다. 1.5룸 오피스텔이 타깃이다.

둘째, 5년 이내에 꼬마빌딩을 매입하고 싶다. 토지 100평 정도에 5층 내외를 원한다. 월세 받는 수익형 부동산이다.

셋째, 서울이나 인천 재개발지역에 입주권 투자를 하겠다. 투자를 위해서는 기존 부동산을 팔아야 할 수도 있다. 수익이 실현된 부동산을 처분해서 A급 물건으로 갈아타는 전략도 필요하다. 부동산 재테크는 단타보다는 중·장기 목표와 비전을 가져야 한다.

'월가의 전설'로 불리는 피터 린치(Peter Lynch)는 "사람들은 부동산에서 돈을 벌고 주식에서 돈을 잃는다. 집을 고르는 데는 몇 달을 투자하지만, 주식을 고르는 데는 10분도 쓰지 않는다"라고 말했다.

제**5**장

부자들의
투자법

부자들의
관성법칙

《돈의 속성》을 쓴 김승호 회장은 사장을 대상으로 종종 강의를 한다. 그의 강의를 들으며 나와 어떤 차이점이 있는지 궁금해졌다. 물려받은 재산 없이 맨주먹으로 시작했다는 것과 무차입 경영을 견지하는 것은 같다. 나이도 비슷하다. 돈과 일을 대하는 가치관도 엇비슷하다. 하지만 그는 나보다 크게 성공했고 강한 사람이다.

첫째, 이국 땅, 낯선 환경에서 일군 성과다. 나라면 어땠을까? 두려움을 극복했을까? 비딱한 시선으로 보는 다양한 인종 속에서 견딜 수 있었을까?

둘째, 7번 망하고도 다시 도전하는 용기다. 나도 건설업과 무역업을 중도에 포기했지만, 주 사업을 운영하면서 부수적으로 시도

한 사업이다. 그처럼 완전히 무너지고 밑바닥에서 다시 일어선 적은 없다. 많은 사람은 사업이 망하면 패배의 쓴잔을 마시고 나락으로 떨어진다. 하지만 그는 실패의 원인을 분석해서 될 때까지 도전하는 사람이었고, 비틀거리지 않았다.

셋째, 자기 관리가 철저한 사람이다. 편법 없이 그 나라의 까다로운 규정에도 정도(正道)를 걸었다. 남 탓, 환경 탓, 여건 탓을 하지 않은 것이다. 나는 사기를 당하고 큰돈을 잃자 알코올의 늪에 빠졌고 남 탓만 하며 허송세월을 보냈다. 나와 그는 자기 관리 측면에서 엄청난 차이가 있다. 감히 그와 비교한다는 것이 어불성설일 것이다. 하지만 사업의 크기와 상관없이 사장의 고뇌하는 속마음은 같을 수도 있다.

'사장학' 강의를 하며 수천 명의 제자가 생겨나자 그는 기발한 생각을 했다. 일명 '패자부활전'이라고 불린다. '사장학' 제자들 중에서 사업아이템이 좋고 인성도 갖추었지만, 실패를 맛본 사장 여럿에게 엔젤 투자를 하는 것이다. 투자도 하지만 난관에 부딪힐 때 일일이 조언해주고 재기하고 성공할 수 있도록 경영 노하우를 전수해준다. 강의로 번 수입을 다시 도전하는 제자 사장에게 투자하는 것이다. 강의료는 그에게 큰돈이 아니다. 꿈 있는 사람에게 투자하고 사장의 관성을 물려주는 그가 멋있다고 생각한다.

사업이 한창 잘될 때 아내가 나에게 해준 말이 있다. "당신은 돈을 만드는 사람인 것 같아요. '머니 메이커'라는 말 아세요?" 돈을 버는 게 아닌, 만드는 사람이라니? 말이 되지 않는 것 같지만 돈을 에너지이고 생물처럼 움직이는 것이라는 개념으로 보면 이해가 된다. 나에게서 넘어간 돈이 직원과 그들 가족의 생계를 꾸리며 소비되고 저축된다.

돈이 돌아다니게 만든 사람이라는 관점으로 보면 버는 게 아니라 만드는 게 맞을지도 모른다. 이렇게 따져보면, 많은 사람이 돈을 만드는 사람인 것이다. 부정한 방법으로 돈을 모은 사람을 제외하면, 돈은 어떤 사람에 의해 만들어지는 것이고, 돈이 돌고 도는 파장 안에서 우리가 살아가고 있는 것이다.

관성이란 말은 '그냥 그 상태를 유지한다'라는 뜻이다. '사람을 관성의 동물'이라고 한다. 사람은 같은 패턴, 즉 관성에 따라 비슷하게 행동한다. 이를 거꾸로 해석하면, 관성을 바꾸면 삶의 방향도 바꿀 수 있다는 말이 된다. 언뜻 생각하면, 관성은 새로운 일을 안 하는 매너리즘이란 말로 비칠지도 모른다. 매너리즘에 적합한 말은 타성이다. 혼동해서는 안 된다.

부자들의 관성법칙은 무엇인가? 같은 행동습관과 사고습관을 유지하는 것이라고 생각한다. 아침에 일어나는 시간, 밥을 먹는 속도, 신문이나 TV를 통해 정보를 얻는 습관, 사람들과의 관계, 행동 패턴이 본인만의 폴더에 저장되어 있다. 부자 한 명, 한 명이 시스템화되어 있다.

어떤 사람들은 "돈 많은 사람도 나와 똑같이 하루 밥 세 끼 먹고 잠자며 일한다"라고 말한다. 그렇지 않다. 그들은 다르게 생각하고 다르게 행동한다. 사소한 태도는 습관이 되고, 습관과 행동이 쌓여 결과가 만들어진다. 부자들은 반복되는 일상 속에서 성공의 루틴을 만들고 있다.

그들에게는 이미 정해진 성공이라는 길이 있었을지도 모른다. 시스템이 만들어진 사람은 오늘의 판단과 5년 뒤 판단이 크게 달라지지 않는다. 판단하는 뇌의 경로가 변하지 않기 때문이다. 혹여 결정이 바뀐다고 하더라도 환경의 변화에 따라 방법이나 과정이 바뀔 뿐이지, 최종 답이 다르게 나오지는 않는다. 자기계발 프로그램에서 확언을 말하거나 인생 목표를 수백 번 쓰는 것도 뇌에 각인시키려는 것이다. 성공한 사람이나 부자의 습관, 그들의 관성을 배우려는 것이다.

나도 알코올에 의존하며 무기력하게 살던 시절이 있었다. 남을 탓하며 억울하다고 하소연했다. 스스로를 비하하면서 자존감이 낮아졌다. 알코올에서 벗어나기로 결정한 후 자기계발 프로그램, 글쓰기를 통해 잃었던 활력을 되찾고 있다. 소망하는 삶을 만들기 위해 노력하고 있다. 부자들의 관성법칙을 배우고 합리적인 사고 시스템을 만들려고 한다. 더 큰 부자가 되기를 바라고 여유로운 노후생활을 꿈꾼다.

인생은 노동시간과 자유시간으로 이루어져 있다. 노동시간보다 많은 자유시간을 가지려면 자기만의 관성을 가져야 한다. 규칙적인 습관, 일 처리, 긍정적으로 본분을 다하는 하루하루를 만들어야 한다. 오늘 할 일을 내일로 미루거나 처박아두는 것은 부자들의 관성이 아니다. 습관의 힘, 반복의 힘이 관성이고, 배워서 따라 해야 하는 것이다. 관성에 힘이 붙으면 자기 인생에 변화가 온다.

부자가 되려면 돈이 꼬박꼬박 들어오는 시스템을 만들라고 한다. 하지만 시스템 만들기에 앞서, 돈을 대하는 태도를 바로잡는게 중요하다. 특히, 남의 돈을 대하는 태도가 반듯해야 한다. 남의 돈을 소중하게 보지 않고 소비를 부추기거나 남의 돈을 훔치는 사기꾼은 부자가 될 수 없다. 내가 밥을 살 때는 자장면을 사고, 남이 살 때는 비싼 걸 먹으려고 하는 것도 이율배반이다.

작은 태도 하나, 관점 하나, 습관 하나에도 인생이 뒤바뀔 수 있다. 나도 술을 끊고 많은 변화가 왔다. 시간을 쪼개어 쓰는 일과 프레임을 만들었다. 하루의 시간을 세분해서 알뜰히 쓰고 있다. 핸드폰에 한 달 일정을 저장하고 빈틈없이 챙기는 것부터 시작해야 한다.

《부의 추월차선》에서 엠제이 드마코는 "돈보다 중요한 것은 시간"이라고 말했다. 부자들은 본인에게 주어진 시간을 본인을 위해 쓰려고 노력한다. 우선, 이 관성부터 배우고 따라 하고 있다.

리스크를 헷지 hedge 하는 투자법

투자란, 고수익을 원하는 만큼 고위험을 감수하는 것이다. 워런 버핏의 가치 투자 전략은 위험은 최소화하면서 이익을 최대화한 다. 저평가된 주식을 찾아내 미래가치를 분석한다. 그의 투자 명 언 중 리스크에 관한 몇 가지를 예로 들어보겠다.

첫째, 세상에 영원한 투자법은 없다.

둘째, 매 홀마다 홀인원을 한다면 골프를 오래 즐기기 어렵다. 등락은 순리라는 말이다.

셋째, 스스로 생각할 수 있어야 한다. 다른 사람으로부터 아이디 어를 얻는 것을 기대하지 말라는 말이다.

넷째, 합리적 의심을 하라. 잘 모르는 투자라면 하지 마라.

다섯째, 투자자를 녹초로 만드는 것은 경제 상황이 아니라 투자 자 자신이다. 의연한 자세로 임하라는 말이다.

모든 투자에는 리스크가 있다. 부동산도 마찬가지다. 부동산은 주식이나 펀드, 선물 같은 투자에 비해 리스크를 헷지하기 좋은 수단이다. 상승기가 지나면 조정을 거쳐 하락기가 온다. 경우에 따라서는 시장이 과열되는 폭등기와 지나치게 경색되는 폭락기를 겪을 수도 있다. 앞에서 60년간의 부동산 가격의 흐름을 살핀 적이 있다. 조정을 겪으면서도 꾸준히 우상향하는 것을 살펴봤다.

2021년 최고점을 기록한 서울 아파트값은 2017년 급등을 시작한 초기 가격의 2배 수준이다. 강남, 서초, 송파구의 경우, 2배에 못 미치지만, 나머지 22개 구의 경우, 2배 또는 그 이상 상승했다. 하지만 2022년 들어 사람들의 심리는 얼어붙었다. 거래 자체가 거의 없다. 수요가 없으니 하락 추세인 것은 분명하다. 언론마저 간혹 이루어지는 급매가격을 일반적인 것처럼 자극적으로 보도해서 가격을 호도하고, 사람들 심리를 더욱 얼어붙게 한다.

"부동산은 첫째도 입지, 둘째도 입지, 셋째도 입지다"라는 말이 있다. 입지가 좋은 물건은 언제든 파는 데 문제가 없다. 조정기나 하락기에 위험을 헷지하려면 입지가 좋은 곳에 있는 부동산이 유리하다. 입지는 크게 4가지 측면이 있다. 교통, 교육, 생활 편의시설, 자연환경이다.

지금은 하락장이다. 이런 때, 내 집에서 실거주한다는 것은 리스크를 헷지하고 있는 것이다. 투자하지 않고 기다리는 것도 헷지 방법이다. 대출이자를 내는 데 어려움이 있는 사람도 있겠지만, 최소한 전세금을 올려달라는 말은 듣지 않는다.

원주에 명리학으로 사주를 보는 사람이 있다. 매년, 우리 가족은 그에게 운세와 사주를 본다. 그가 2022년 운세를 나에게 조언한 것이 있다. 2022년은 재물이 나가는 해이니 남에게 돈 꾸어주지 말고 직업을 바꾸지 말며 이사하지 말고 부동산을 취득하지 말라고 했다. 나는 그의 조언을 따르지 않았다. 6월에 구리에 오피스텔을 매입했고, 1기 신도시 재건축을 예상해 일산에 아파트를 샀다.

산 지 몇 달 되지도 않은 투자를 섣불리 평가할 수는 없지만, 요즘 부동산 시장을 보면 '운세를 믿을걸…' 하고 후회하게 된다. 구리 오피스텔은 선호하는 1.5룸이긴 하지만, 미분양 물건이니 나중에 사도 되는 물건이다. 일산 아파트는 실거래가 최고 정점을 내가 찍고 말았다. 내 거래 바로 후의 거래가보다 1억 1,000만 원이나 높은 가격이다. 7억 8,700만 원에 거래했으나 뒤에 성사된 계약에 비하면 15%나 높은 가격에 거래하고 말았다. 매수 타이밍을 잘못 잡은 것이다.

요즘 같은 상황에서 리스크를 헷지하면서 수익을 볼 수 있는 투자를 살펴보자.

첫째, 단연코 경·공매다. 경기침체로 인한 도산, 높은 이자로 인한 파산으로 경·공매에 나오는 물건이 늘고 있다. 누군가에게는 싼 값에 살 수 있는 기회다. 2022년 초까지만 해도 감정가보다도 높은 가격에 낙찰되던 아파트가 유찰되는 일이 많아졌다. 서울도 1번 유찰은 기본이고, 지방은 2번 유찰되는 일이 흔하다. 아파트가 아닌 빌라나 연립주택, 공장, 토지 등은 3번 이상 유찰되는 경우도 많다.

둘째, 재개발·재건축 투자다. 자재값이 올라 건축비가 치솟는다. 이미 조합원분양가가 확정된 재개발·재건축 단지는 노릴 만한 틈새시장이다. P가 2021년 고점 대비 20~30% 낮아졌다. 그러나 사전타당성 단계, 주민동의서 징구 단계, 안전진단을 앞둔 물건의 투자는 유의해야 한다. 사업이 최종적으로 완료되느냐의 여부를 떠나 10년 이상 돈이 묶일 수 있다.

셋째, 조정지역이 해제된 지역의 공시가격 1억 원 미만 구축 아파트도 유망한 투자처다. 재건축을 진행한다는 이야기가 솔솔 나오기 시작하는 단지가 좋다. 공시가격 1억 원 미만의 주택은 취득세가 중과되지 않는다. 1.1%의 최저 취득세가 적용되기 때문에 다주택자에게 유리하다.

인도에 '파텔' 성을 가진 소수민족이 있다. 마하트마 간디의 출생지 구자라트 지방 출신의 사람들이다. 이 지역은 아름다운 해변과 천연항구를 가지고 있다. 아라비아해를 끼고 아랍이나 아프리카 국가와 교역이 번성했다. 19세기 말, 많은 파텔들이 아프리카 우간다로 이주했고, 장사로 돈을 벌어 우간다 산업의 상당 부분을 좌지우지하게 되었다.

1971년 아민(Amin)이 쿠데타로 정권을 잡자 이민족의 재산을 몰수하고 국외로 추방했다. 추방된 일부 난민이 미국으로 건너왔다. 초기에 건너온 파텔들이 허드렛일로 돈을 모아 모텔 사업에 뛰어들었다. 가족 전체가 모텔에 거주하며 청소부터 모든 잡일을 맡으니 수익이 늘었고, 점점 사업을 늘려나가게 되었다. 나중에 미국으로 이주한 파텔들도 이들을 모방해서 모텔업에 뛰어들었다.

현재는 미국 모텔의 절반 이상이 파텔의 소유가 되었다. B. U. 파텔은 1976년 객실 20개의 듄즈 모텔을 시작으로 애너하임 매리어트와 로스앤젤레스 힐튼 등 25개의 대형호텔을 소유하고 있다. 파텔들은 자기들의 노동력을 기반으로 위험을 거의 부담하지 않으면서 부를 창출하는 데 성공했다.

《투자를 어떻게 할 것인가》의 저자 모니시 파브라이(Mohnish Pabrai)는 파텔들을 예로 들며, '단도 투자' 이론을 제시한다. 실제 가치보다 낮은 가격에 매수해 손실을 최소화(헷지)하면서 확률이 높다고 판단될 때는 집중 투자를 하라는 것이다. 어떤 투자에 적용해도 손색없는 이론이다.

투자에서 리스크를 완전히 헷지하는 무위험 투자는 없다. 부동산 경기가 얼어붙은 요즘이 위험을 헷지할 기회다. 저점 매수가 가능하고 시장에 경쟁자가 적다. 침체되어 있지만, 경기가 살아나면 오를 확률이 높은 것을 찾아야 한다. 어떤 것이든 불확실성은 존재한다. 그중에서 위험이 최소이고 수익성이 높은 것을 주목하는 투자자가 되라!

수익형 투자 함정에
빠지지 않는 법

하브 애커는 《시크릿》의 도입부에서 '경제 청사진'을 말한다. "무의식에 내재된 돈에 대한 청사진이 성공 쪽으로 세팅되어 있지 않으면 무엇을 배우든, 얼마나 많이 알든, 그리고 무슨 일을 하든지 간에 달라지는 게 없다"라고 한다. 부자나 성공한 사람의 행동과 사고의 시스템이 다르다는 것은 이미 서술했다. 그들은 돈을 잃더라도 시스템을 작동해 빠른 시간 내에 복원한다. 내면의 '경제 청사진'으로 현실에서 자기만의 소득 프로그램을 만든다. 소득은 노동을 통해 벌어들인 근로소득과 돈이 돈을 벌어들인 자본소득으로 나눌 수 있다. 자본소득이 근로소득보다 크다면 대부분 부자일 것이다.

나는 현재 근로소득이 없다. 회사에서 받는 배당소득과 부동산 임대소득이 전부다. 자본소득이며 시스템에 의한 소득만 있는 것이다. 배당소득과 임대소득의 크기는 5대 5 정도다. 2022년 7월부터 배당소득을 받지 못할 정도로 회사 살림이 좋지 않다. 6달째 한 푼도 받지 못하고 있다. 배당소득 없이도 많은 돈을 벌지만, 항상 쪼들린다. 이미 저질러 놓은 일 뒤치다꺼리하고 대출 갚느라 허리가 휠 정도다. 부끄럽지만, 2022년 12월 현재 나의 돈 흐름(손익계산서)을 공개한다.

월 수입(+)		월 지출(-)	
임대소득	2,500만 원	상봉동, 원주 상가 대출상환(300만 원×2)	600만 원
		상봉동, 원주 상가 대출이자(대출 잔액 12.5억 원)	500만 원
		역삼동 오피스텔 대출상환 및 이자(대출 1.9억 원)	140만 원
합계	2,500만 원	산곡 상가(입주권) 대출상환 및 이자(대출 2.1억 원)	100만 원
		소초면 토지 대출이자	40만 원
		생활비, 제세공과, 각종 보험료 등	400만 원
		종합소득세, 재산세, 자동차세 등(월평균환산)	600만 원
		기타(수리비, 경조사비, 긴급비용)	70만 원
		개인용돈	50만 원
			2,500만 원

알고 보면 '빛 좋은 개살구'다. 적자 속에 허덕인다. 수입과 지출의 틀이 맞아떨어지지 않는다. 잔액을 남기고 살아가는 것이 아니라 항상 2% 부족한 생활을 한다. 2022년 구리 오피스텔과 일산 아파트를 매입했다. 구입 자금 외에 취득세 등 제반 경비를 감안하면 실제 살림은 마이너스다. 부동산 취득을 감안하지 않은 위의 산식만 계산해도 수입 80%를 대출 상환, 이자와 세금에 사용하는 셈이다. 다른 사람보다 많이 번다고 볼 수도 있지만, 윤택한 삶이 아니고 쪼들리는 삶이다. 내 투자 방식은 누구에게도 권장하고 싶지 않다. 따라 하지 마라. 머리에 쥐가 난다.

앞서 이야기한 바와 같이 나는 수익형 부동산 몇 개를 가지고 있다. 상봉동 상가와 원주 상가, 인천 산곡 상가와 역삼 오피스텔, 광교 오피스텔에서 월세를 받는다. 대부분 대출 레버리지를 활용한 투자라 받은 월세를 대출금 상환과 이자 갚는 데 쓰면 실제 손에 쥐는 수입은 크지 않다. 아직 건강하니 일하면서 갚아나가는 기쁨에 빠져 산다. 우리 가족은 각자의 경제단위로 움직인다. 서로가 버는 돈, 가진 돈에 간섭하지 않고 각자 투자 생활을 한다. 아내는 안산 아파트를 혼자 힘으로 매입했고, 아이들도 주식 투자를 하고 있다. 이미 아이들에게 성인 증여세 면제 한도인 1인당 5,000만 원을 증여했다. 그 돈을 큰아이는 오피스텔 전세금으로, 작은아이는 우리사주 사는 데 활용했다.

수익형 투자에서 함정에 빠질 수 있는 점을 적어본다.

첫째, 감당할 수 있는 레버리지인지 확인하고 투자해야 한다. 상가는 언제든지 공실 리스크가 올 수 있다. 공실이 되어 월세 수입이 없을 때 대출이자와 관리비를 감당할 수 있는지 판단해야 한다.

둘째, 대출의 힘을 빌리는 경우가 많으므로 금리 변화를 잘 예측해야 한다.

셋째, 임차인과 원만한 관계를 유지하는 것도 중요하다. 기고만장한 태도나 갑질을 하면 안 된다. 세입자는 '을'이 아니고. 내 수익을 도와주는 협력자라는 관점으로 바라봐야 한다.

넷째, 신축 분양을 받는 경우, 현혹될 우려가 있다. 신축이라 '수리할 일이 없어 관리가 편하다', '되팔기 편하다'라는 분양사 직원의 말에 속아 넘어가기 쉽다. 통상 상가를 분양하면 4%의 수수료를 시행사와 분양 팀(공인중개사)이 나누어 갖는다. 따지고 보면,

일반 부동산 공인중개사 수수료의 5~10배다. 그 커미션이 내 분양가에 녹아 있다는 것을 알아야 한다.

다섯째, 중·장기적 비전을 내다볼 안목이 필요하다. 예를 들어, 몇 년 뒤 파는 것을 전제로 차익 목표는 얼마이고, 그때까지 월 얼마의 수익을 추구한다는 계획을 세우라는 것이다. 감이 잡히지 않으면 전문가의 조언을 받아야 한다. 생각 없이 투자하는 우를 범하지 말라는 것이다.

여섯째, 수익형 부동산에 수요 거품이 있다는 것을 알고 덤비라는 것이다. 1955년생부터 1963년생을 베이비붐 세대라고 부른다. 이들 은퇴자들이 자영업에 뛰어들고 있다. 돈 많은 세대의 은퇴자들이 수익형 부동산을 노린다. 수요에 거품이 생길 수밖에 없다.

일곱째, 광고에 노출된 물건을 조심해야 한다. 입지와 상권이라는 감언이설에 속을 수 있다. 물론, 지하철 2호선, 9호선 라인의 좋은 상권이라는 정확한 정보도 있지만, 홍보물이나 감언이설에 의존하다가는 큰코다칠 수 있다.

'아무 일도 하지 않으면 아무 일도 일어나지 않는다'라는 말이 있다. 경거망동하지 말라는 조상대대로의 격언도 있다. 수익형 부동산은 전문성이 요구되는 투자다. 함부로 나서지 마라. 만약, 당신이 은퇴자라면 우선 숨을 고르고 천천히 호흡하면서 생각하라. 전문가의 조언을 들어라. 느긋하게 결정할수록 당신의 성공지수는 올라갈 것이다.

04

부자 청년이
되는 법

    20살, 빈궁하게 살고 싶지 않았다. 반드시 성공해서 아버지의 파산으로 채권자에게 받은 수모를 세상에 한풀이하고 싶었다. 부자가 되려는 욕망은 끈질기게 내 삶의 중심에 있었다. 내게는 30살을 앞둔 자식 둘이 있다. 자식에게 가난을 대물림하지 않으려고 노력하며 살아왔다. 큰 재산을 물려주지는 못하더라도 우리 아버지처럼 빚을 물려주지는 않을 정도가 되었다. 자식들은 아버지의 고단한 삶을 알아줄까? 앞에서 파이어족을 논했지만 내 자식들이 조기 은퇴하는 것을 원하지 않는다. 60살이 될 때까지 건강하고 의미 있는 사회의 구성원으로 살기 바란다.

    취업을 하면 어떤 것보다 우선해서 해야 하는 것이 있다.
    첫째, 실손 보험의 가입이다. 아직 질병에 걸릴 확률이 낮으니 단독실손 보험을 권하고 싶다. 만 원 내외면 가입할 수 있다.

둘째, 주택청약저축의 가입이다. 매월 2만 원 이상이면 가입이 가능하고, 다른 예금보다 이율이 조금 높다. PIR이라는 수치가 있다. 연평균 소득을 감안해서 특정 국가에서 주택을 구입하는 데 걸리는 시간을 나타낸다. 우리나라의 PIR이 18이라고 한다. PIR이 18이라는 것은 18년 동안 소득을 한 푼도 쓰지 않고 모아야 평균가격의 주택 한 채를 살 수 있다는 의미다. 급여를 모아서 집을 산다는 것은 어렵고 지루한 게임이다. 시간도 오래 걸리지만, 18년을 한 푼도 쓰지 않고 모을 수는 없기 때문이다. 하지만 청약저축이 있다면, 정부와 지자체가 주관하는 공공주택을 분양받을 수 있다. LH나 SH공사에서 분양하는 주택이 좋은 예다.

셋째, 종신형 연금보험에 가입하는 것을 권하고 싶다. 2020년 기준으로 평균 수명은 83.5세다. 매년 0.3세 정도 늘어나고 있다. 100세 시대가 온다고 한다. 줄기세포연구와 게놈 프로젝트의 연구를 통해 암 정복이 시간문제라는 보도를 접한 적이 있다, 연금에 가입하면 가입 시 평균수명으로 계산한 보험료를 내게 된다. 평균수명은 계속 늘고 있기 때문에 죽을 때까지 연금을 받는다면 로또가 될 수도 있다. 나이가 적을수록 보험료는 저렴하다. 반드시 생명보험사의 종신형이나 상속형에 가입해야 한다.

앞에서 종잣돈을 모아 레버리지를 활용해 부동산에 투자하라고 이야기했다. 부동산은 고가이므로 어느 정도는 종잣돈을 모아야 투자할 엄두가 난다. 적은 돈으로 부동산 투자에 뛰어든다면, 다음의 투자를 권하고 싶다.

첫째, 경·공매 투자다. 경·공매는 대출을 받기 쉽다. 감정가 70%, 낙찰가 80% 중 적은 금액까지 대출이 가능하다. 소액으로 투자할 수 있는 물건도 많다. 오피스텔뿐만 아니라 아파트도 몇천만 원으로 낙찰받을 수 있다. 금리가 치솟아 대출 레버리지를 이용하는 것이 부담된다면, 전세 레버리지를 활용해도 된다. 2번 유찰된 물건을 낙찰받아 도배나 간단한 수리를 하고 전세를 놓아 투자금 전부를 회수할 수도 있다. 29㎡ 이상 오피스텔을 매수해 내부에 간이 벽을 만드는 것도 좋다. 1.5룸으로 개조해 전세를 놓으면 돈을 거의 들이지 않고 투자하는 묘수가 될 수 있다. 3D로 셀프 인테리어를 지원하는 '코비하우스 VR'라는 앱을 활용해 저렴하게 공사할 수 있다. 경매 관련 책을 읽거나 유튜브를 보거나 또는 학원에 가서 차근차근 배우기를 권한다.

둘째, 공동 투자를 하는 방법도 있다. 2명 이상이 돈을 보태 투자하는 것인데, 투자자들끼리 분쟁 가능성이 있다는 단점이 있다. '형제끼리도 동업하지 말라'는 격언을 유의해야 한다. 정말 믿을 만한 사람과 투자해야 한다. 이익이 어느 정도 났을 때 팔 것인지 미리 정하고 투자하길 권한다.

나의 경우, 실제 투자가 성사되지는 않았지만, 후배와 투자를 같이하려고 했던 적이 있다. 그때 우리는 2년 이상 보유를 원칙으로, 2년이 지나 한 명이 요청하면 무조건 팔고, 수익 60%가 나면 2년 이전이더라도 즉시 처분하고, 투자 지분에 대한 약정서를 작성해 공증하기로 했었다. 장점보다는 단점이 크다는 판단하에 결국 후배와 각각 부동산 투자 법인을 만들어 투자하고 있다.

셋째, 부동산 투자 법인을 만드는 방법이다. 1인 기업으로 만들고 투자액이 늘어갈수록 증자해서 자본금을 높이면 된다. 법인으로 투자하면 종부세 이점이 있고 은행에서 기업운전자금 대출 등을 받을 수 있는 기회가 생긴다. 나의 경우, 3,000만 원 자본금으로 창업해 오피스텔 임대업을 하고 있다.

넷째, 청약통장을 통한 청약기회를 잃지 않으면서 투자할 수 있는 방법으로, 부동산 투자 법인 외에 임대사업자를 내서 투자하는 방법이 있다. 주택 임대사업자와 일반 임대사업자가 있는데, 일반 임대사업자는 세입자가 주민등록 전입을 할 수 없다. 일반 임대사업자는 분양 시 건물분에 대한 부가세를 환급받을 수 있는 대신, 월 임대료에 세금계산서를 발행해 부가세를 신고하거나, 전세의 경우 1월과 7월에 간주임대료에 대한 세금을 신고·납입해야 한다. 소액물건의 경우, 간이과세자로 임대사업자를 내서 5월에 종합소득신고를 할 수도 있다. 주택 임대사업자로 취득한 주택이 주택 수에 포함되는지 유의하면서 투자해야 한다.

다섯째, 금리가 치솟고 부동산 경기가 움츠러든 요즘 청약경쟁이 높지 않다. 적극적으로 청약에 도전해볼 만하다.

부자 청년이 되는 뾰족한 비법은 없다. 다만 기회를 잃지 않으면서 현명한 선택을 해야 한다. 나는 주식이나 코인에 대한 투자 지식이 별로 없다. 부동산은 여러 건을 투자하면서 대박이 나기도 했고 쪽박을 차기도 했다. 최근 7년은 좋은 전문가를 만나 성공했다고 평가할 수 있다.

정부와 지자체의 청년지원 정책을 살펴보라. '청년내일채움공제' 같은 제도를 활용하는 것은 기본 중의 기본이다. 저출산의 여파로 청년세대는 많은 국민연금 보험료를 내고 적은 연금을 수령할 가능성이 크다. 선배세대 연금을 지급하다 본인들이 받을 재원이 고갈될 우려도 있다. 연애, 결혼, 출산을 포기한 3포 세대라는 신조어가 있다. 5포, 7포에 이어 N포 세대라는 말도 나왔다. 포기한 게 너무 많아 N포라고 한다니 안타까운 현실이다.

우리나라를 책임질 미래세대에게 주어진 현실은 고단해 보인다. 헬조선, 흙수저, 푸어족, 니트족 등 계속 신조어가 생겨나고 있다. 세계 10위권에 자리한 나라가 해야 할 역할을 깊이 고민해야 한다. 성장 못지않게 공정과 분배도 중요한 가치이기 때문이다.

05
나를 살린
돈중독

앞서 언급한 대로 나는 알코올중독자의 삶을 살았다. 사업을 한답시고 사기를 당했고, 사장이라는 책임을 지는 것에 두려움이 있었다. 중독에서 벗어나고 싶어 안달복달하지만 빠져나오기 쉽지 않았다. 알코올중독 말고도 세상에는 많은 중독이 있다. 마약, 섹스, 쇼핑, 게임, 인터넷, 핸드폰, 음식중독까지. 중독이란, 무엇인가에 꽂혀서 그 행위를 하지 않으면 금단증상이 나타나는 질병이다. 정식으로 중독이라 불리지는 않지만 '돈중독'이라는 말을 스스로 만들어 지인들에게 돈중독자라고 자처하며 살아가고 있다.

돈에 중독된 것은 언제일까? 17살, 아버지가 돌아가시자 차용증을 들고 오는 채권자들 틈바구니에서 돈의 무서움을 알았다. 빚잔치를 통해 전 재산을 잃고 가난한 살림으로 전락했다. 아니, 빚잔치 후에 새로 나타난 채권자 빚을 다시 떠안은 절대 가난의 구렁으로 떨어졌다. 대학 1학년이었던 누나는 대학을 중퇴했고 형들은 아버지의 빚을 갚았다. 9년이 지나 내가 취업을 했다. 남아 있는 찌꺼기 빚을 물려받게 되었고, 3년을 갚았다. 빚잔치를 목격하고 채권자의 행패를 지켜보면서 돈이 없으면 어떻게 무시당하는지 알게 되었다.

결혼하고 자식이 태어나자 회사를 그만두고 사업하는 것에 두려움이 생겼다. 안정된 직장을 때려치우고 위험을 무릅쓰는 것이 겁났다. 2002년, 회사의 M&A로 퇴직이 결정되자 엉겁결에 사업을 시작하게 되었다. 무차입 경영을 견지했다. 아버지의 파산처럼 공든 탑이 무너질까 봐 두려웠다. 2017년부터 큰 사기를 당하고 여러 번의 도산 위기를 견뎌냈다. 차입 경영을 하게 되었고 매출이 많이 줄었지만 지금도 사업체를 운영하고 있다.

2022년 7월부터는 회사에서 사업소득을 배당받지 못하고 있다. 오히려 법인카드비와 사무실 임대료를 못 내 내가 회사통장에 입금(가수금 처리)하고 있는 지경이다. 임대수입만으로는 생계를 꾸리기가 어렵다. 결국, 카드대출을 이용하고 세금을 할부로 납부해 카드결제액이 감당하기 힘든 수준으로 늘고 있다.

돈에 중독되어 사업을 하다 연달아 사기를 맞자 마음이 변했다. '이러다가 모든 돈을 사기꾼들에게 빼앗기는 것은 아닐까?' 도둑질당하기 전에 지켜야 한다는 마음에 부동산 투자를 시작했다. 그렇게 부동산 투자에 꽂히게 되었다. 돈중독자가 부동산 투자에 중독된 것이다.

2017년에 사기를 당하면서 집에서도 술을 마시기 시작했다. 아내에게 들키지 않으려고 이불 속, 옷장 속에 숨겨놓고 마셨다. '내가 얼마나 고생하며 모은 돈인데…, 수십억 원을 잃으면서 배신감과 적개심에 술꾼이 되어갔다. 낮술을 하고 밤에 혼술을 했다. 아침부터 해장술을 마시고 아무 때나 퇴근해서 술에 절어 살았다. 중독자가 되었고 처참하게 무너졌다.

다행히 회사는 시스템으로 가동되어 나의 일탈에도 매출이 줄어들 뿐 쓰러지지는 않았다. 2019~2021년 부동산 가격이 폭등했다. 50%가 오르는 지역이 천지이고, 재개발지역은 투자금 대비 몇 배가 오르기도 했다. 내가 투자한 물건도 큰 성과를 보게 되었다. 나는 환호했다. 사기 맞은 수십억 원 중 많은 부분을 복구한 것이다. 돈중독이 나를 살렸다. 부동산 투자가 일등공신이 되었다.

'돈중독'이라는 말은 탐욕적이거나 구두쇠라는 의미가 아니다. 많은 사람이 돈을 좋아한다. 돈을 끝없이 갖고 싶어 하는 돈중독에 걸린 사람도 많다. 나의 경우, 사기당한 배신감, 억울함을 조금이나마 이겨내는 데 돈중독이 순기능을 해주었다. 알코올중독에서 벗어나는 데도 촉매 역할을 했다. 고마운 중독이다.

부동산은 부증성이 있다. 많이 늘릴 수가 없다. 용적률과 건폐율, 그리고 일조권을 감안하면 무조건 높이 지을 수도 없다. 부동산은 앞으로도 우상향하며 상승할 것이다. 1997년 IMF, 2008년 서브프라임 모기지사태도 2년도 안 되어 극복했다. 우리나라는 저력이 있다.

우리나라는 눈부신 경제성장을 이루고 K-콘텐츠로 문화를 넘어 음식까지 세계를 휘어잡는 대단한 민족이다. 사실 알고 보면 미국도 한국 말고는 마땅한 파트너가 없다. 영국, 독일, 일본을 제치는 것도 시간 문제다. 미국과 일본이 두려워하는 나라는 한국과 중국이다. 조그만 우리나라가 경쟁자이고 그들의 걱정거리가 된다는 것은 자랑스러워할 일이다.

얼마 전, US뉴스앤월드리포트(USNWR)의 발표 내용이 흥미롭다. 군사력과 경제력, 외교력을 합산해 평가하는 '세계에서 가장 강력한 국가' 순위에서 우리나라가 6위에 올랐다. 미국, 중국, 러시아, 독일, 영국에 이은 순위다. 7위가 프랑스, 8위가 일본이라는 것을 볼 때, 우리나라의 위상이 강대국의 반열에 우뚝 서 있다는 것을 알 수 있다. 나는 우리나라가 일본, 독일, 이탈리아, 인도, 브라질을 제치고 여섯 번째로 유엔 상임이사국의 자리를 차지할 것이라고 확신하고 있다.

요즘 회사 자금 사정이 좋지 않아 스트레스에 시달리고 있다. 나를 상담해주시는 교수님이 한 말이 뇌리에서 떠나지 않는다.

"이 선생은 지금 비바람 속에 서 있는 겁니다. 우산 없이 비를 쫄딱 맞으며 처량하고 외롭게 버티어내고 있지요. 힘듦을 잠시 잊고자 술이 우산이 되게 하지 마세요. 술이 깨고 나면 더 큰 폭풍우가 옵니다. 술 말고 다른 우산을 만드세요."

이제는 소액으로 투자 가능한 경·공매나 레버리지를 이용한 오피스텔 투자로 새롭게 출발해야겠다. 다시 시동을 걸어 투자의 길에 나서야겠다.

06

아들에게 알려주는
투자 노하우

금융 투자든, 부동산 투자든 투자에는 원금손실 위험이 항상 존재한다. 특히 주식, 채권, 집합투자증권은 원금을 잃을 위험이 크다. 외환, 예금, 채권, 주식 같은 기초상품에서 파생한 선물, 옵션, 스왑 같은 파생상품은 원금 전부를 잃고 초과손해를 물어낼 위험까지 존재한다.

요즘 코인 투자를 하는 사람이 많다. 나는 코인을 모르고 알고 싶지도 않다. 앞서 이야기한 대로 은행예금과 채권 투자 말고는 부동산 투자가 가장 안전하다고 생각한다. 예금과 채권은 소극적 방법이라 선호하지 않는다. 일반인이 워런 버핏처럼 가치 투자, 장기 투자, 저평가 기업에 대한 집중 투자를 하기는 어렵다. 버핏은 1973년 '워싱턴포스트'의 주식을 내재가치 평가액의 1/4에 인수했다. 1,060만 달러를 투자해 지금 13억 달러가 되었다. 무려 124배가 올랐다. 지난 40년간 삼성전자의 주가는 400배가 오른 반면, 은마 아파트 가격은 96배가 올랐다고 한다. 이런 통계에도 불구하고, 나는 조금이나마 노하우가 있는 부동산 투자에 올인하려고 한다.

자식들은 회사생활 2~3년 차의 사회 초년생이다. 회사를 다니며 모은 돈이 얼마인지 알지 못한다. 아마 얼마 되지 않을 것이다. 짐작이지만, 주식 투자를 하는 것 같다. 미국 주식도 조금 있는 것 같다. 나도 그 나이 때 작은 규모이지만 주식에 투자했고 공모주를 받으려고 증권사 지점을 들락거렸다.

당시, 노동의 대가로 벌어들인 급여의 가치는 컸다. 첫 월급을 받았을 때 희열이 있었다. 내 자식들은 첫 월급 받았을 때 느낌이 어땠을까? 그들이 어떤 투자를 하든 개입하고 싶지 않다. 만약 아버지의 조언이 필요하다면 발 벗고 도와줄 테지만, 그들의 판단을 존중한다. '급여가 얼마인지?', '어디에 쓰고, 투자하는지?' 관여하지 않아도 잘해낼 자질이 있다. 그들은 나처럼 조급해하지 않는다. 침착한 편이다. 매번 투자에 성공한다는 것은 있을 수 없다. 그들도 좌충우돌하고 성공과 실패를 거듭하며 자기 스타일에 맞는 투자처와 방법을 찾아낼 것이다.

자식에게 알려주고 싶은 아버지의 투자 노하우를 살펴본다.
첫째, 경·공매 투자다. 나와 아내가 다녔던 경매 학원에 등록해서 과정을 이수하게 하고 싶다. 요즘은 강의를 생중계한다. 구태여 찾아가서 듣지 않아도 되니 편하고, 영상을 재생해서 볼 수 있다는 장점도 있다. 경매를 배우면 권리관계와 점유 등 법적인 내용을 이해하는 데 도움이 된다. 일반 상식으로 알고 있어도 살아가는 데 쓸모가 많다. 자기들이 모은 종잣돈으로 경·공매에 나서는 것을 적극적으로 추천하고 싶다.

둘째, 아버지와 함께 임장을 다니자고 권하고 싶다. 도시의 청사진과 학군, 교통의 인프라를 분석하는 방법을 전수해주고 싶다. 도로계획을 알아보고 도시의 상권이 움직이는 메커니즘을 공부하면 수준 높은 임장과 투자를 할 수 있게 된다. 계획도시인 신도시 구조를 보면 큰 도움이 된다.

셋째, 장기적인 투자 안목을 키우기 위해 휴전선 접경지역 토지를 매입하라고 권하고 싶다. 언젠가 다가올 통일시대를 맞아 싼 땅에 투자해 오래 보유하라고 권하고 싶다. 앞서 삼성전자나 워싱턴포스트의 주가 이야기를 했듯 엄청난 수익이 날 수도 있다.

넷째, 국내 주식에 대한 의견이다. 신소재·신기술 소유 기업의 인기주 투자를 말리고 싶다. 인기는 시들게 마련이다. 도산 위험이 적은 KOSPI 200종목 투자를 권하고 싶다. 매달 급여의 20%를 적금하듯이 우량기업 주식 1~2가지에 꾸준히 투자하라고 권하고 싶다.

다섯째, 해외 주식에 투자한다면 중국과 일본은 말리고 싶다. 중국은 미국의 훼방에도 불구하고 G1으로 등극하는 데 오래 걸리지 않을 것이다. G1이 되면 미국처럼 자기네 입맛대로 깡패 짓을 할 수 있다. 지금의 킹달러처럼 위안화의 높은 가치를 유지하려 할 것이다. 미국처럼 자기네 인플레를 약소국에 넘기려고 할 수도 있다. 일본은 역동적이지 못하다. 어떤 분야에서는 1등의 자리마저 위협받고 있다. 우리나라 주식에 투자하는 것이 더 낫다고 생각한다. 인도, 베트남, 인도네시아, 말레이시아 주식 투자를 추천하고 싶다. 인구가 국력인 시대가 오고 있다. 인구가 받쳐주는 데다 발전 속도가 빠른 나라들이다.

이와는 별도로 부동산과 주식 투자의 포트폴리오를 8:2로 하라고 권하고 싶다. 헤지펀드는 대부분 대형 기관 투자자가 참여한다. 반면 뮤추얼펀드는 개인 투자자 수천 명이 참여한다. 이런 펀드상품에 투자해 전문가의 힘을 빌리는 것도 좋다. 하지만 선물 투자 같은 파생상품과 코인 투자를 한다면, 도시락 싸 들고 다니면서 말릴 것이다.

수십 년 전, 대학에서 배운 경영학, 경제학 지식으로 조언하는 것이 아니다. 금융 계통에 오래 종사했다고 코치하려는 것도 아니다. 14년 회사에 다녔고 20년 넘게 사업을 해온 생생한 현장의 노하우를 아들과 딸에게 알려주고 싶은 것이다. 안전성을 견지하는 게 첫 번째이고, 두 번째가 수익 추구다. 아버지의 투자 방식이 고루하고 낡은 것이라 판단할 수도 있다. 투자 경험이 아무리 많더라도 100% 성공하는 투자법을 알 수 없다. 아버지 조언을 경청하고 몇 가지라도 동의해준다면 만족한다.

《부자 아빠 가난한 아빠》에서 로버트 기요사키는 부자와 가난한 자의 근본적인 차이점은 '두려움을 다루는 방식'이라고 했다. 금융 지식이 많아도 장애물에 부딪혀 두려움을 이겨내지 못하는 사람이 있다. 이들에게는 부자가 될 기회의 문이 닫혀 있다. 부동산이든, 기업의 주식이든 살아 있는 생물이라고 생각해야 한다.

　워런 버핏은 말했다.
　"주식 시장은 적극적인 자에게서 참을성이 많은 자에게 돈이 넘어가도록 설계되어 있다."
　마지막에 웃는 투자자가 되길 바라본다.

07

월별 재무제표 만들기 –
순자산을 보라

꼬박꼬박 가계부를 쓰는 것은 대단한 루틴이다. 수십 년 일기 쓰는 사람은 존경받아야 한다. 직접 손으로 적고 뇌에 각인하는 힘이 크다. '토스'처럼 개인에게 편리한 애플리케이션이 많다. 송금은 물론 자산과 부채관리, 가입한 보험과 타고 있는 자동차의 가치까지 일일이 계산해준다. 나도 애플리케이션이 출시된 초기에 신기해서 사용해본 적이 있다. 이를 활용하는 것도 나쁘지는 않지만, 자기만의 양식을 만들어 손으로 쓰거나 파일을 만드는 것은 더 좋은 루틴이다.

고등학생 때, 친구 따라 그 친구의 할아버지 집에 간 적이 있다. 친구는 용돈이 떨어지면 청주 성안길 대궐 같은 집에 사는 할아버지를 찾아갔다. 몇 분 동안 꾸지람과 구박을 받으면 한 움큼 지폐를 받는다. 친구의 할아버지는 청주에서 손꼽히는 부자였다. 고

속버스 회사와 터미널을 소유한 분이셨다. 그 집에서 주판을 튕기며 장부를 쓰는 '집사' 몇 명을 봤다. 저녁마다 마대 포대로 버스 요금으로 받은 현금을 쏟아붓고 센다는 소문이 있었다. 매일 은행 직원이 집으로 와서 돈을 수금해간다고 했다. 할아버지는 집사들이 장부 쓰는 방 아랫목에 앉아 있다. 감시하는 것인지, 흐뭇해하는 것인지 알 수 없었다.

나는 10년 전부터 매월 대차대조표를 만든다. 간단하게 손익계산서도 적는다. 파일에 편철해 10년 치를 보관하고 있다. 이렇게 개인 장부를 쓰면서 할아버지의 마음을 이해하게 되었다. 그분은 종일 돈이 들어오는 이미지를 머릿속에 그린 것이다. 장부를 확인하며 돈 에너지를 끌어당긴 것이다. 자신의 무의식에 돈다발을 차곡차곡 쌓고 있지 않았을까? 자산과 부채, 그리고 수입과 지출을 매월 기록하는 습관은 부자가 되는 좋은 방법이라고 생각한다. 세세히 적고 다음 달에도 또 적는 루틴은 재정 시스템을 프로그래밍하는 바람직한 습관이다.

대차대조표는 특정 시점의 자산과 부채 현황을 나타낸다. 자산이 증식되어가는 방향성을 파악하는 데 그만이다. 먼저, 개인 대차대조표를 보자. 자산과 부채를 사업 부문과 개인 부문으로 따로 작성하고 맨 앞 장에 총괄표를 만든다. 총괄표만 보아도 자산과 부채, 그리고 순자산이 한눈에 보인다. 사업 부문의 자산은 사무실의 임차보증금 등 묶여 있는 돈과 1인 기업의 자본금이다.

개인 부문은 소유한 부동산의 시가, 청약저축과 투자하는 원금,

보험 적립금이다. 사업 부문의 부채는 경영이 어려워진 2017년 이후 생긴 사채 등이다. 개인 부문의 부채는 부동산을 취득하면서 생긴 대출, 나갈 때 돌려줄 임대보증금이다. 대차대조표에 합산하지 않는 별지도 있다. 부실채권 내역이다. 소송 중인 것과 추심 중인 것, 즉 불확실한 채권은 일단 부실화된 채권으로 분류한다.

　자산에서 부채를 뺀 것이 순자산이다. 실제 재산이 얼마인지 가늠하는 잣대는 순자산으로 하는 게 맞다. 어떤 책을 보면 갭 투자로 몇천만 원 투자하고 집값 전체를 벌었다고 써놓은 책이 있다. 3,000만 원 투자해 전세를 6억 원에 놓고 집값이 그대로라면 순자산은 3,000만 원이다. 이것을 6억 3,000만 원이라고 쓰는 것은 순진한 독자를 속이는 것이다. 그럼, 3,000만 원씩 10채에 투자해 실투자금이 3억 원인 사람이 63억 원 자산가란 말인가? 어불성설이다. 다음의 식으로 순자산을 계산하고 있다.

순자산=(현금+부동산+채권+주식+사업체의 가치+보험 적립금+ 자동차 등 동산의 합계)-부채

　다음은 손익계산서다. 수입은 회사에서 받는 사업소득과 임대소득이 있다. 2년 전까지 근로소득과 배당소득(회사의 비상장 주식)이 있었지만, 지금은 없다. 2021년에 퇴직했고 다니던 회사 비상장 주식은 회사가 청산 절차를 밟으며 휴지 조각이 되고 말았다. 손익계산서는 한 달마다 살림의 흐름을 보여준다. 늘 빠듯한 살림이고 적자가 날 때도 많다.

대차대조표와 손익계산서를 작성하면 재산 상황과 수입, 지출을 일목요연하게 알게 된다. 몇 년 전부터 일일이 손으로 쓰지 않고 엑셀로 작업해 매달 편철한다. 한때는 일일이 쓴 종이를 오려서 다이어리에 붙인 적도 있었지만, 다이어리가 너무 두툼해져서 편철로 바꾸었다.

부자의 재정 상태는 자산이 부채보다 많다. 그리고 수입이 지출보다 많다. 가난한 사람의 재정상태는 그 반대다. 그런데 나의 재정상태는 '자산 > 부채'이므로 부자로 보이지만, 현금 흐름에서는 대부분 '수입 < 지출' 구조가 된다. 돈이 생기기가 무섭게 새로운 지출처(투자 또는 빚 상환)를 찾는다. 여러 번 언급했듯 조급한 성격에 신중하지 못하고 덤비는 투자 성향을 지녔다. 나 같은 투자 스타일은 바람직하지 않다. 투자자로서 중요한 것을 놓치고 있다.

첫째, 신용등급이 나쁘다. 카드 대출을 자주 받아 신용점수가 낮다. KCB 기준으로 800점 이하이고, NICE 기준으로 850점 이하에 머무른다. 아내가 1,000점인 것을 보면 내 신용점수는 형편없는 수준이다. 카드 결제일은 물론, 대출 상환일을 하루도 어기지 않지만, 카드 대출 등 신용평가에 악영향을 주는 행위를 많이 한다. 먹튀 사고가 나고 급전을 빌려 쓰다 보니 자금 흐름이 엉켰고, 시간이 지나도 원상회복이 되지 않고 있다.

둘째, 세금에 치여 산다. 개인 세금(재산세, 종합소득세, 교통유발 부담금 등)이 상당하다. 코로나를 겪으며 세금을 카드 할부로 결제하기 시작했다. 2022년에 오피스텔과 일산 아파트를 취득하고 시골집에 부속된 밭을 팔았다. 일회성으로 생긴 취득세와 양도세도 만만치 않다. 개인 4대 보험료도 감당하기 힘들다. 11월부터 155만 원의 4대 보험료를 낸다. 국민연금은 돌려받는다지만 건강보험료 64만 원, 고용보험료 40만 원은 아깝다. 국가에 기부하는 기분이다. 세금을 내느라 현금 흐름이 깨졌고 회복하지 못하고 있다. 빨리 마이너스 생활패턴을 벗어나야 한다.

엠제이 드마코는 《부의 추월차선》에서 재무지도 3가지를 소개했다.

첫째는 인도(人道)로 가는 가난의 길이다. 둘째는 서행차선으로 가는 평범한 길이고, 셋째는 추월차선으로 가는 부자의 길이다. 이렇게 3가지 지도의 길이 다르다. 현재의 재정 상황은 기존에 가지고 있던 지도를 보고 따라온 길이다. 추월차선으로 올라타야 한다.

그가 책에서 언급한 차선의 개념에 나의 주장을 보태본다.

"언제까지 얼마의 부자가 될 것인지 정하고 확언한다. 삶을 설계하고 재구성한다. 인생의 운전자는 '나'다. 추월차선으로 기어를 변속한다. 계기판을 바꾼다. 흑자 나는 대차대조표와 손익계산서가 나의 계기판이다. 그러면 저절로 부자가 될 것이다."

08
날마다
월세 받는 시스템

임대 놓는 부동산이 30개이고, 월세 나오는 날이 다르다면, 매일 월세 수입이 생긴다. 매일 통장에 월세가 들어온다면 얼마나 좋을까? 방 30개 있는 원룸 건물 한 채로도 가능한 시스템이다. 상가, 원룸, 오피스텔 이것저것 섞어서 30개가 있어도 된다. 어려운 것 같지만 관점을 바꾸면 이룰 수 있다. 작은 부동산이라도 다수 보유한다면 얼마든지 가능한 목표다.

부동산을 소유하고 있더라도 전세를 놓았다면 들어오는 수입이 없다. 매달 월세가 들어오더라도 대출 이자를 갚고 50%만 남았다면 그것만이 수입이다. 바로 앞에서 '순자산으로 손익의 기준을 보라'라고 했다. 순자산 기준으로 매일 원하는 금액이 월세로 입금된다면 어떤 기분일까? 자기 모습을 그려보라.

부자가 되려면 사고의 전환이 필요하다. 정보를 얻고 투자 노하우를 배우고 부자의 습관을 따라 해야 한다. 부자들은 돈을 함부로 대하지 않는다. 적은 돈도 무시하지 않는다. 다른 사람들을 끌어당기는 남다른 처세술이 있다. 남과 관계하는 방법부터 몸에 배도록 해야 한다. 나는 부자를 따라 하는 몇 가지 좋은 습관이 있다. 책을 읽고 글을 쓴다. 신문사 칼럼을 본다. 부동산 강의를 듣는다. 실제 임장을 한다. 매달 개인 재무제표를 만든다. 반면, 기피하는 것도 있다. 유튜브를 보지 않는다. 정치에 관심이 없다. 골프 등 역동적인 취미가 없다.

엠제이 드마코는 《부의 추월차선》에서 돈이 열리는 나무를 만들라고 한다. 그는 5가지로 분류한다.

첫째, 임대 시스템이다. 부동산이나 장비임대, 로열티, 저작권료, 특허권이다.

둘째, 컴퓨터 시스템이다. 소프트웨어나 애플리케이션으로 인한 수입이다.

셋째, 콘텐츠 시스템이다. 블로그나 SNS, 유튜브를 통한 수입이다.

넷째, 유통 시스템이다. 홈쇼핑, 프랜차이즈, 온라인유통사업 등이다.

다섯째, 인적자원 시스템이다. 인력파견업, 주차장사업 같은 것이다.

1. 누군가는 요리를 한다.
2. 어떤 사람은 요리를 나른다.
3. 누군가는 그릇을 닦는다.
4. 누군가는 행복하게 먹는다.

　과연 누가 부자일까? 4번이라고 생각할 수 있지만, 나는 1번이라고 생각한다. 밥을 사 먹는 사람은 많다. 진짜 부자는 '생산자'인 1번이 아닐까? 1번은 시스템을 만드는 사람이다. 4번은 남이 만든 시스템을 활용하는 '소비자'에 해당한다. 직장인이라면 시스템을 이용하는 소비자의 위치에 있는 것이고, 회사의 오너는 시스템의 생산자라고 할 수 있다.

　나는 부동산을 통한 임대 시스템을 만들어가고 있다. 2,500만원의 월세 수입은 곧, 3,000만 원을 넘어갈 것이다. 물론 이자와 세금, 그리고 비용을 빼고 3,000만 원의 월세 시스템을 만들려면 오랜 시간이 걸릴지도 모른다. 운영하는 회사가 흑자로 전환되면 다시 사업소득이 생길 것이다. 다른 사업에 진출한다면 다른 수입 시스템이 만들어질 것이다. 혹시 베스트셀러 작가가 된다면, 큰 금액의 인세가 생길 것이다. 강의를 통한 수입이 생길 수도 있다.

　매일, 내가 부자가 될 만한 그릇인지 가늠해본다. 방해되는 요소가 많이 있다.
　첫째, 부자만큼 긍정에너지를 갖고 있지 못하다. 아직도 부정적으로 세상을 보는 버릇이 남아 있다. 에너지는 전염성이 있다. 서로 끌어당긴다. 승리자를 가까이해야 하는데, 주변에 실패자도 많다. 도움이 되지 않는 사람을 잘 도려내지 못한다.

둘째, 늘 주관적으로 판단하고 조급하다. 고집스럽고 남 이야기에 귀 기울이지 않는다. 섣부른 결정을 많이 한다. 부를 담을 수 있는 '나'의 그릇을 더 크게 만들어야 한다. 그러려면, 남을 배려하고 경청해야 할 것이다. 긍정의 에너지를 무한대로 받아야 할 것이다.

《성공의 법칙》의 저자 나폴레온 힐은 9살 때 만난 새엄마를 통해 가난이 대물림되는 것이 아니고 극복할 수 있다는 것을 알게 되었다. 나중에 기자가 되어 '철강왕' 앤드류 카네기(Andrew Carnegie)를 만나고 성공을 거둔다.《부의 추월차선》의 저자 엠제이 드마코는 26살에 우울증을 겪었고, 추월차선에 오르기 위해 컴퓨터 프로그래밍을 배워 웹사이트 구축사업을 했다.

김승호 회장은 2005년, 인수 후 분할상환 방식으로 6억 원에 회사를 인수해 연 매출 1조 원 기업으로 키워냈다. 미친 사람 취급받으며 될 때까지 밀어붙인 인수 과정은 유명하다. 부자가 되려면 인생에서 변곡점이 있어야 한다. 책을 만나든, 전문가를 만나든, 아니면 부자 멘토를 만나든지 인생에서 적어도 한 번은 변곡점을 찾아야 한다.

《더 해빙(The Having)》의 이서윤 작가는 '없음의 세상에서 있음의 세상으로 렌즈를 바꾸어보라'라고 한다.
모임에서 한 선배가 "인생에서 곱셈을 하는 삶을 살고 싶었는

데, 덧셈과 뺄셈만 하며 살았다. 곱셈을 하기에는 너무 늙었다. 나누기하는 삶을 살기에도 늦고 말았다"라고 말했다. 주제넘다는 생각에 말대꾸하지 않고 듣기만 했지만, 동의하지 않는다. 4가지 셈법은 언제나 가능하다. 수입이 생기면 덧셈이고 지출을 하면 뺄셈이다. 복리의 마법이나 투자로 생긴 수입은 곱셈이 될 수도 있다. 쓰고도 남으면 나누는 삶을 살면 된다. 선배에게 '세상 다 산 사람처럼 이야기하지 마시라'라고 말하고 싶었는지도 모른다.

09
부동산은
부의 확대재생산 아이템

하나금융연구소의 〈2022 코리안 웰스 리포트〉에 50세 미만의 '영리치'와 50세 이상 '올드리치'를 나누어놓은 자료가 있다. 영리치는 회사원, 전문직, 자영업자순인 반면, 올드리치는 은퇴자, 전문직, 기업경영인순으로 나타났다.

앞에서 누차 이야기한 대로 시스템 수입은 삶의 질을 높여준다. 월세 받는 시스템을 만드는 쉬운 방법은 상가 투자다. 나의 경우, 월세 수입 전부가 상가와 오피스텔에서 나온다. 오피스텔도 상업용 부동산으로 볼 수 있으니 시스템 수입 전부가 상가에서 나오는 셈이다. 상가는 싸게 사는 것도 중요하지만, 공실 없이 임대가 나가는 물건을 고르는 것이 관건이다. 모든 임대인은 공실에 대한 두려움을 가지고 있다.

상권이란, 상가가 밀집된 지역을 말한다. 상가의 배후에 몇 세대가 거주하며 상가 앞을 지나는 유동 인구가 얼마나 되는지 분석하는 것이 중요하다. 빅데이터를 활용해 유효 수요를 파악하라. 어떤 상가는 지하철역에서 가깝다. 그런데 사람들이 가게 앞길이 아닌 다른 길을 통해 역으로 간다면, 유효 수요가 적은 것이다. 직장인들이 퇴근하면 간판 불빛만 남고 지나가는 사람이 없는 큰길도 많다. 큰 거리를 그냥 두고 골목길로 걸어 다닌다면 대로 상권은 죽은 것이나 마찬가지다.

입지는 교통과 학군이 중요하다. 작은 의미에서 입지는 상권 안에서 어느 건물 안에 입주하느냐가 중요하다. 젊은이들이 몰려드는 거리로 형성되었다가 시들어가는 지역도 많다. 상가 투자는 공격적인 투자다. 리스크가 있는 대신 월세 나오는 파이프라인이 생기면 투자금을 회수하기 쉬워진다. 권리금이 내림세에 있거나 렌탈 프리 제공 기간이 늘어나면, 그 지역 상권이 죽어가고 있다는 신호로 봐야 한다.

경·공매를 통해 좋은 상가를 구하는 것은 쉽지 않다. 장사가 잘되는 상가가 경매에 나오는 경우는 적다. 사정이 생겨 나오더라도 입찰 싸움에서 이겨야 한다. 새로 생기는 택지의 상가를 분양받는 것도 추천하고 싶지 않다. 어느 택지든 공실이 소화되고 상권이 완성되는 데 3~5년 이상 걸린다. 장기간 공실의 위험이 크다. 초보자는 분양을 중개하는 사람의 감언이설과 과대광고에 현혹되기 쉽다.

전에 같은 병원에 입원한 환자의 하소연을 들은 적이 있다. 내가 원주에 산다고 하자 친구의 권유로 잘 모르는 원주에 상가를 분양받아 골치 아프다며 하소연한다. 4년 넘게 공실이고 분양가의 60%를 대출받아 이자와 관리비에 허덕인다고 했다. 그 사람에게 계륵 같은 상가가 된 것이다. 월세를 받기 위해 오피스텔을 살 때도 입주 수요를 잘 파악해야 한다. 교통 입지와 직장인 수요, 그리고 100세대가 넘는 물건을 사라고 권유하고 싶다. 오피스텔은 경·공매를 통해 매입해도 좋다. 지방도 좋다. 학생 수요보다 직장인 수요가 있는 곳이 더 좋다.

월급과 적금만으로는 부자가 되기 어렵다. 부자들의 생각과 습관을 배우라고 말했다. 적극적으로 레버리지를 활용해 투자하라고 권했다. 전문가는 아니지만, 소액으로 어떤 물건에 투자하는 게 좋은지 아는 만큼 밝혔다. 주식이나 다른 투자는 아는 게 없지만, 부동산에 대한 소신을 말했다. 경·공매나 입주권 투자에 대해서는 여러 번 다루었다. 갭 투자 등 소액 투자로 부자가 된 사람에게도 배울 점이 있다.

모든 투자는 크든 작든 리스크가 있다. 부동산은 수익성이 있으면서 리스크가 적은 유용한 투자 방법이다. 적은 돈이라도 투자할 곳은 널려 있다. 요즘 뉴스에 부동산의 미래에 대해 부정적인 보도를 자주 접한다. 투자 시점을 잡지 못해 연락이 오는 지인이 있다. 최저점 매수는 전문가도 모른다. 전문가라고 말하던 사람이 공실 상가를 분양받아 이자와 관리비에 허덕이는 경우도 있다. 부동산으로 돈 벌었다는 사람을 추격 매수했다가 낭패를 본

공인중개사도 있다.

투자에 대한 두려움을 어느 정도 내려놓아야 한다. 스스로 발품 팔고 밤새 경매 물건을 뒤지는 사람을 이길 수 없다. 수능 공부하 듯 부동산을 공부하라. 전문가가 골라준 물건만 보지 말고 다수 물건 중에 옥석을 가려내라. 물건 2~3개를 골라 전문가에게 조언을 구하라.

부동산에도 라이프 사이클이 있다. 독특한 분위기로 많은 사람에게 유명했던 이태원 경리단길이 연남동 연트럴파크에 밀리고, 사람들로 북적이던 용산전자상가는 잊혀가고 있다. 유행 업종은 그 시대의 트렌드, 시장의 변화에 따라 들불처럼 일어났다가 연기처럼 사라진다. 따라서 베스트셀러보다 스테디셀러 부동산을 찾는 것이 나을 수 있다. 인기가 사그라지지 않는 상업용 부동산을 찾아내야 한다. 발품 팔며 임장하고 공부해야 하는 이유다.

부동산 투자를 통해 부자가 된 사람이 많다. 어느 방송에서는 연예인 부자 순위를 매겨 그럴듯한 말로 시청을 유도한다. 나도 성우의 호소력 있는 목소리에 홀려 시청한 적이 있다. 부동산에 대한 격언 중에 내가 제일 좋아하는 것은 "부동산을 무조건 믿어라"다. 부자가 되고 부를 확대재생산하려면 부동산이 가장 유리하다는 것이 나의 지론이다. 스스로를 믿어야 한다. 생각만 하지 말고 투자의 무대 위로 올라오라.

"사업가는 사업을 시스템으로 보지만, 장사꾼은 사업을 눈앞의 돈으로만 본다." 김승호 회장의 말이다.

"장사꾼은 보이는 것을 팔고, 사업가는 보이지 않는 것에 투자한다." 영화 〈베테랑〉의 최대웅(유해진 분)의 대사다.

부동산으로 월세 받는 시스템을 만들어라. 돈이 나를 위해 일하게 하라. 이것이 '시스템'이고, '눈에 보이지 않는 노다지'가 아닐까?

32년간 부동산 투자를 했습니다. 초기 25년 투자 점수는 그리 신통치 않습니다. 하지만 최근 7년의 투자는 그야말로 대박입니다. 짧은 기간 성공을 포장하거나 자랑하려고 책을 쓴 게 아닙니다. 좌충우돌하며 대박이 나기도 했고 쪽박을 차기도 했던 경험을 이야기하고 싶었습니다. 책을 읽는 독자들에게 작은 경험이나마 알리고 싶었습니다. 저의 실패를 거울삼아 승승장구하는 투자를 하시기 바랍니다. 저는 부동산 전문가가 아닙니다. 좋은 인연을 만나 도움을 받았습니다. 스스로도 열심히 공부했습니다.

　최고 한도까지 대출을 이용하지 않았습니다. 시세보다 높은 임대를 놓은 악성 임대인도 아닙니다. S생명이라는 대기업에 세를 놓은 상가 임대료도 6년 넘게 올리지 않았습니다. 다른 7군데 세입자에게도 월세를 올린 적이 없습니다. 대출도 분할상환 방식으로 원금 일부를 매달 상환하고 있습니다. 레버리지를 적극적으로 활용하라고 책에 썼지만, 대출도, 세입자에게 임대를 주는 것도 무리하지 않은 수준에서 감당해왔습니다.

　최근 7년을 제외한 25년의 투자는 실패한 경험이 대부분입니다.

은행이자보다 못한 투자도 있습니다. 건축 관련 법을 어겨 벌금형을 받기도 했습니다. 좌충우돌한 이야기를 읽으며 저와 같은 우를 범하지 않기를 바라봅니다.

최근 7년의 투자를 통해 자신감이 높아졌습니다. 생각만 해도 뿌듯하고 행복한 인생이 되었습니다. 벅차게 살아간다는 것이 돈만으로 되지 않는다는 것을 알고 있습니다. 하지만 돈이 없거나 모자라면 불안해집니다. 부를 통해 불안과 초조를 줄일 수 있다면, 부자가 되는 게 낫지 않을까요? NBA 댈러스팀의 구단주인 마크 큐반(Mark Cuban)은 "스스로 번 돈은 스스로 만든 행운으로부터 온다"라고 했습니다. 여러분도 행운을 만드는 사람이 되십시오.

"부자는 탐욕스럽다", "부자는 죄인이다", "돈은 더럽다"라는 말을 내뱉어 자신과 남에게 나쁜 돈 개념을 심지 마십시오. 건전한 방법으로 부자가 된 사람도 많습니다. 정부 탓, 시장 탓, 남 탓하지 마십시오. 남을 탓하는 것은 자기 합리화입니다. 탓해봤자 진통제 역할을 못합니다. 《시크릿》의 저자 하브 애커는 "부자들을 감탄하라! 축복하라! 사랑하라!"라고 말했습니다. 성공한 부자처럼 생각하고 행동하면, 그들과 같은 결과를 얻을 수 있습니다. 다른 사람이 잘된 이야기를 조롱하거나 흠을 잡고 자기 수준으로 끌어내리는 사람은 아마 가난한 사람이고, 성공하지 못한 사람일 것입니다.

부동산은 어떤 투자보다 안전하다고 생각합니다. 다른 투자에 비해 거래 금액이 크지만 많은 사람이 선호합니다. 하지만 장밋빛 미래만 보고 무작정 뛰어들다 낭패를 볼 수도 있습니다. 모든 투자에는 리스크가 있습니다. 이를 고려해야 합니다. 책이나 강의를 통해 공부해야 합니다. 고수를 멘토로 삼을 수 있다면, 기회를 잡아야 합니다. 묻지 마 투자를 권하는 사람은 고수가 아닙니다. 투기꾼일 가능성이 큽니다. 부동산은 단기에 승부를 보는 투자가 아닙니다. 등락이 있더라도 지그시 기다릴 수 있는 인내가 필요합니다.

부동산 투자에서 일어난 에피소드를 중심으로 재미있게 글을 쓰고 싶었습니다. 다른 사람의 성장에 도움이 되는 책을 세상에 내놓고 싶었습니다. 글을 쓴 경험이 일천합니다. 성공과 실패의 이야기를 실감 나게 쓰려고 했지만, 재미있게 썼는지 모르겠습니다. 초보 작가의 한계가 드러났을지도 모릅니다. 하지만 솔직하게 적었습니다. 가미되거나 부풀려진 것이 없는 날것 그대로입니다.

2016년, 부동산 투자에 다시 뛰어든 이유로 모아놓은 돈을 지켜내야 하겠다는 절박함이 있었습니다. 당시 저는 부끄럽게도 알코올중독자였습니다. 지금은 단주하는 삶을 살아가고 있지만, 당시 무기력했고 불안, 초조, 우울, 자기연민, 핑계를 일삼는 중독자였습니다.

첫 책을 중독에서 벗어나는 자전적인 에세이로 출간했고 이 책은 두 번째입니다. 중독자라는 것을 커밍아웃하는 책을 쓰고 보니 차라리 밝히길 잘했다는 생각입니다. 중독에서 벗어나 앞날을 살아가는 데 자신이 생겼습니다. 글쓰기에 대체중독되어 술의 나락에서 벗어날 수 있게 도와주신 이은대 작가와 부동산에서 저의 영원한 멘토인 '김사부'께 감사의 말씀을 드립니다. 앞으로도 글에 중독되어 책 쓰는 삶을 이어가겠습니다.

부동산 투자의 내비게이터

제1판 1쇄 2023년 2월 3일

지은이 이용기
펴낸이 최경선 **펴낸곳** 매경출판㈜
기획제작 ㈜두드림미디어
책임편집 최윤경, 배성분 **디자인** 디자인 뜰채 apexmino@hanmail.net
마케팅 김성현, 한동우, 장하라

매경출판㈜
등 록 2003년 4월 24일(No. 2-3759)
주 소 (04557) 서울시 중구 충무로 2(필동 1가) 매일경제 별관 2층 매경출판㈜
홈페이지 www.mkbook.co.kr
전 화 02)333-3577
이메일 dodreamedia@naver.com(원고 투고 및 출판 관련 문의)
인쇄·제본 ㈜M-print 031)8071-0961
ISBN 979-11-6484-513-2 (03320)

같이 읽으면 좋은 책들

📍 같이 읽으면 좋은 책들 📍

📍 같이 읽으면 좋은 책들 📍

📍 같이 읽으면 좋은 책들 📍

부자 되는 주택 임대사업

돈 버는 공인중개사는 따로 있다

전세가를 알면 부동산 투자가 보인다

서울시 공정경제과 주무관이 알려주는 부동산 거래와 판례

스타들의 부동산 재테크

지분 경매로 토지 개발업자 되기

부동산 재테크 역세권이 답이다

세무사 3년째 의뢰주는 세무조사 대비의 모든 것

주택 연출가 무조건 따라하기

커피 한 잔 값으로 최대형 오피스 주인 되기 리츠 얼리어답터

신의 한 수 금맥 경매

주택 아파트 세무 가이드북 실전편

권리분석 완전정복으로 10년 안에 10억 벌기

대한민국을 움직이는 땅 투자 법칙 100

돈의 보감 평범한 샐러리맨, 투잡 경매로 5년에 10억 벌다

나는 갭 투자로 300채 집주인이 되었다

토지 세무 가이드북 실전편

新 상가 투자 보물 찾기

상가 세무 가이드북 실전편

응답하라!! 위기의 부동산